CM2
10 • 11 ans

C'est pas sorcier

L'ÉNIGME

LA CARRIÈRE INTERDITE

Sophie Michard
écrivain

Carole Melmoux
enseignante

illustré par
Érik Arnoux

Personnages de Fred et Jamy
Mauro Mazzari

france 3
Nathan

Sommaire

ISBN : 978 2 09 187182-0

Crédits photographiques

p. 10 : BIS. Ph. Jeanbor/Archives Larbor ; p. 16 : HPP/NPL/Jacana/José B. Ruiz ; p. 29 : Corbis/Duomo/Chris Trotman ; p. 37 : Corbis/Tom Stewart ; p. 54 : Corbis-Sygma/Gérald Favre ; p. 73 : Archives Nathan; p. 103 : Archives Nathan.

EN FRANCE, LE LIEU OÙ SE PASSE L'ACTION...

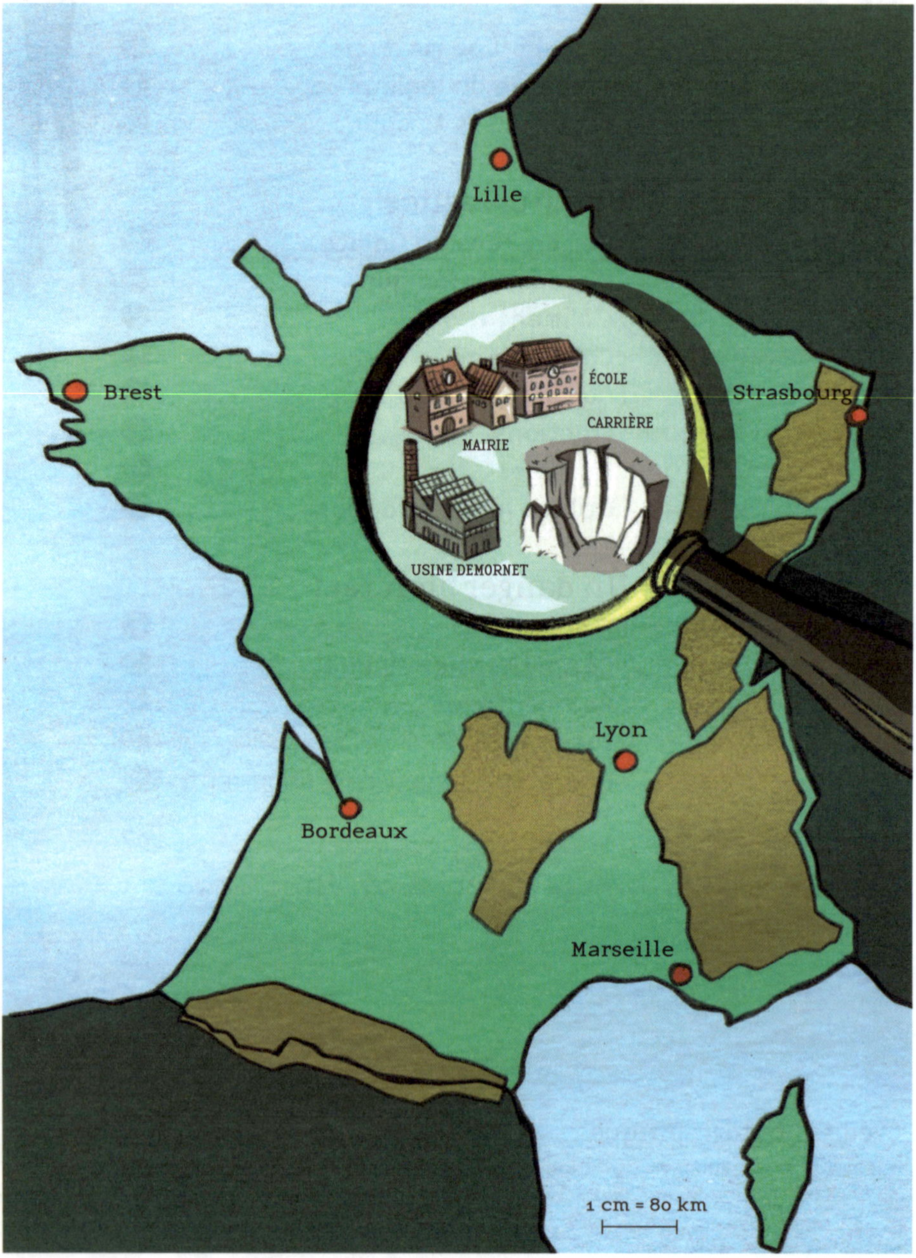

Présentation

« Bonjour Jamy !

– Bonjour Fred !

– Bonjour à toi, cher lecteur, chère lectrice...

– Et où allons-nous, Fred ?

– Nous allons partir dans une carrière en Ile-de-France, suivre Chloé, Julien, Romain et Loïs, afin de découvrir qui est à l'origine des événements bizarres qui pourraient décourager nos amis dans l'aménagement de leur skate parc. Et surtout, nous essayerons de savoir pourquoi !

Sache, que tout au long de ta lecture, tu devras résoudre des exercices afin de poursuivre l'aventure et de percer le mystère...

Tu es prêt(e) ? Et toi Jamy ?

– Prêt !

– Alors, c'est parti ! »

DIRECTION ÉDITORIALE : Odette Dénommée
COORDINATION ÉDITORIALE : Anne-Sophie Cayrey, Mông Thu Valakoon
ÉDITION : Michèle Lancina
Avec la participation de Frédéric Courant et Jamy Gourmaud
CORRECTIONS : Michèle Aguignier, Gilbert Gié
ICONOGRAPHIE : Maryse Hubert
MAQUETTE COUVERTURE : Team Créatif et Kati Fleury
MAQUETTE INTÉRIEURE : Héloïse Charier-Maurel, Thierry Méléard
COMPOSITION : Michel Allio
Nous remercions les équipes de C'est pas sorcier, FTD et Riff et tout particulièrement François Vié.

1 

Un endroit fabuleux

1

Vous en connaissez beaucoup, vous, des endroits où on peut faire du VTT sans se faire écraser par une voiture ni risquer de renverser des personnes âgées ? Ne cherchez pas, il n'y en a pas… sauf l'endroit fabuleux que Julien et Romain ont trouvé il y a maintenant deux mois. C'est une ancienne carrière de calcaire, au milieu de la forêt. Il y a des bosses monstrueuses, des descentes impitoyables et le sol est recouvert d'un sable un peu grossier qui permet de faire des dérapages de compétition. D'ailleurs, cet après-midi, Julien et Romain ont décidé de faire une petite démonstration à leurs copains. Ils sont venus avec une bouteille de soda et des petits gâteaux pour pique-niquer après les dérapages. Les invités de ce festin sont Chloé et Loïs, qui sont dans la même classe qu'eux. Même tignasse châtain et mêmes taches de rousseur : Romain et Julien se ressemblent comme deux frères mais leurs caractères sont bien différents : Romain est aussi sérieux que Julien est risque-tout. Le premier passe beaucoup de temps à réfléchir tandis que le deuxième serait plutôt du genre casse-cou…

– Trop génial ! s'écria Chloé en arrivant. Elle n'en croyait pas ses yeux. Un espace aussi grand où on est aussi tranquille… On pourrait même fêter nos anniversaires ici, ça serait super !

Quel anniversaire fêteront-ils en premier ?

Ces quatre amis sont dans la même classe mais ils n'ont pas tout à fait le même âge. Chloé a 3 mois de moins que Julien, âgé de 11 ans et 6 mois. Romain a 5 mois de plus que Loïs qui a 6 mois de moins que Julien.
Trouve qui est le plus jeune.

....

....

Julien –> LIS LE N° 5
Romain –> LIS LE N° 9
Chloé –> LIS LE N° 8
Loïs –> LIS LE N° 7

2

Attention, il faut 4 dalles pour faire 1 m^2.

—> Retourne au n° 4.

3

Attention, rappelle-toi que 6 minutes c'est 6 fois 60 secondes. Dans ce tableau de proportionnalité, tous les éléments sont multipliés par 6.

—> Retourne au n° 15.

4

– Stop, méfiance absolue, dit Chloé, les idées géniales de Romain, en général, ça finit en heures de colle !

L'air de rien, celui-ci reprit :

– Regardez, visiblement, cette carrière est désaffectée depuis des années et personne n'y vient jamais. C'est parfait pour faire du VTT mais elle est assez grande pour en faire autre chose. Imaginez qu'on demande au maire d'y aménager un skate parc, qu'est-ce que tu en penses Loïs ?

Loïs ouvrit de grands yeux émerveillés.

– Je pense que finalement je ne suis pas venu pour rien ! Voyons un peu comment est le terrain... C'est vrai que cela s'y prêterait bien, répondit-il, en souriant subitement.

Les trois garçons se tournèrent alors vers Chloé.

– Les garçons, je rêve. J'espère que vous ne m'avez pas fait venir uniquement pour que j'en parle à ma mère ?

1

Quel est le rapport entre la mère de Chloé et la carrière de calcaire ?

Les terrains où l'on extrait des roches comme le calcaire ou le marbre sont appelés des carrières. Il faut creuser le sous-sol pour en extraire les roches. Le calcaire est une roche de la même famille que la craie. Elle est perméable car l'eau s'y infiltre et elle est soluble car elle se dissout au contact de l'eau de pluie. On l'utilise pour la fabrication du ciment et des pierres de construction ou de dallage.

Justement, Fred, le dallage de cette cour n'est pas terminé.
Sachant que chaque dalle est égale à $\frac{1}{4}$ de m^2, quelle sera son aire une fois achevé ?

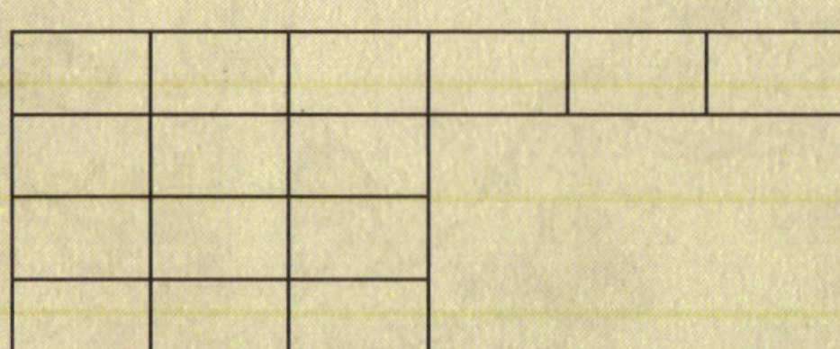

....

6 m^2 —> **LIS LE N° 15**
24 m^2 —> **LIS LE N° 2**

MÉMO 12

5

Julien ne peut pas être le plus jeune puisque Loïs a 6 mois de moins que lui.

—> REPRENDS LA QUESTION DU N° 1.

6

Ce n'est pas la bonne réponse, rappelle-toi que 3 paires font 6… on peut l'écrire 3 x 2.

—> RETOURNE AU N° 10.

7

– Alors, c'est mon anniversaire qu'on fêtera ici en premier, s'exclama Loïs, j'aurai 11 ans la semaine prochaine !

– On fera une chasse aux trésors ? demanda Julien.

– Mais, tu es vraiment bébé, c'est dingue ! répliqua Chloé. Non, on pourrait faire une boum.

– Je n'aime pas danser, ronchonna Julien, et je te signale que le plus bébé des deux, c'est toi, moi j'ai déjà 11 ans depuis 6 mois…

Romain montra un énorme bloc de pierre à Chloé :

– Regarde, la dernière fois, j'ai réussi à le descendre sur la roue arrière.

– Frimeur !… La prochaine fois, tu le descends sur

une main avec ton vélo entre les dents ?

– On parie ?

Le seul à ne pas apprécier l'endroit, c'était Loïs. Loïs, le grognon de la bande.

– C'est nul, on ne peut pas faire de skate !

Arrivé avec son skate coincé sous le bras, il était visiblement déçu.

Julien glissa à Romain :

– Tu exagères, tu aurais pu le prévenir ! Je lui aurais prêté mon vieux vélo.

– Attends, j'ai mon idée… rétorqua Romain.

Loïs continuait :

– Ce n'est pas juste ! Parce que dans les endroits où on peut faire du skate, on peut aussi faire du VTT,

mais le contraire n'est pas possible.

Chloé renchérit :

– Atroce comme la vie est dure, mon pauvre Loïs.

Romain dit alors :

– Écoutez, j'ai une idée qui pourrait être géniale.

Quelle activité peut-on imaginer dans ces roches ?

Les roches constituent le sous-sol, c'est-à-dire tout ce qui se trouve sous la mince couche de terre cultivée et que les géologues appellent le sol. Quand le sol est absent et que la roche est visible, on dit qu'elle affleure.

Merci Fred, pour ces précisieuses informations. Mais, à ton avis, si le sol et le sous-sol constituent la croûte terrestre, comment appelle-t-on la zone qui se trouve juste sous la croûte terrestre ?

Le manteau → LIS LE N° 4

Le noyau → LIS LE N° 11

Mémo 18

8

En relisant la question, tu verras que Chloé n'est pas la plus jeune. —> **Reprends la question du n° 1.**

9

Attention ! Romain a cinq mois de plus que Loïs... Il ne peut pas être le plus jeune !

—> **Reprends la question du n° 1.**

10

C'est Julien qui empêchait Loïs de se relever. Il dit aux deux autres :

– On vous rejoint plus tard !

Il chuchota à Loïs :

– Laisse-les partir devant, ça fait des mois que Romain veut se retrouver seul avec Chloé, il a un truc à lui dire, si tu vois ce que je veux dire...

Mais, non, Loïs ne comprenait pas.

– Tu es lourd ou tu le fais exprès ?

Pendant ce temps-là, Chloé et Romain avançaient vers le fond de la carrière. Romain se faufila jusqu'à une espèce de renfoncement.

– Chloé, regarde, elle est par là, ta grotte...

– J'arrive ! Ouh lala, il fait un peu sombre par ici, tu

es sûr que ce n'est pas dangereux ?

– Non, ne t'inquiète pas, j'ai toujours sur moi des allumettes de secours. Et puis, je te défendrai s'il y a des tigres !

– C'est malin ! Chloé commençait à tourner les talons.

– Regarde, on dirait un passage secret. Ça doit faire quatre ou cinq mètres de long…

– Ahhhh ! Tout à coup, Chloé poussa un cri qui fit bondir d'effroi Romain. Elle venait de sentir quelque chose de mouillé et de froid lui couler dans le cou.

– Qu'est-ce qui se passe ? demanda Romain, il y a une bête ?

Quels animaux pourraient-ils rencontrer ?

Sais-tu que les grottes sont peuplées d'animaux ? Ils sont classés en trois catégories : ceux qui vivent sous terre ou en surface comme certains insectes ; ceux qui vivent sous terre mais qui sortent pour trouver leur nourriture comme les chauves-souris ; ceux qui vivent exclusivement dans le milieu souterrain, ils sont souvent aveugles, sourds et incolores : insectes, poissons, crustacés et amphibiens.

Merci Fred ! Au fait, te souviens-tu qu'un insecte possède 3 paires de pattes, une araignée, 4 paires, et certains crustacés comme l'écrevisse, 5 paires ? Si les enfants capturaient 30 mouches, 50 araignées et 100 écrevisses, combien ces animaux totaliseraient-ils de pattes ? Entoure la bonne opération.

(3 x 30) + (4 x 50) + (5 x 100) —> LIS LE N° 6

(6 x 30) + (8 x 50) + (10 x 100) —> LIS LE N° 13

(30 + 50 + 100) x 2 —> LIS LE N° 18

11

Eh non ! Le noyau est la zone la plus proche du centre de la Terre, elle se situe sous le manteau. Tu vas connaître l'idée de Romain en allant au **n° 4**.

12

Ce n'est pas le bon résultat. 25 % d'une somme représentent le quart de cette somme, tu dois donc la diviser par 4. Et n'oublie pas de compter le nombre de zéros !

—> Retourne au n° 17.

13

– Il y a des trucs qui coulent du plafond, remarqua Chloé d'un air dégoûté, qu'est-ce que ça peut être ? Romain s'approcha, regarda, puis éclata de rire.

– Mais, c'est juste de l'eau ! se moqua-t-il. C'est la condensation de l'eau et elle coule le long des parois de la grotte.

– Peut-être, mais ça surprend ! Bon, excuse-moi mais je ne suis pas très rassurée, je retourne voir les autres. En plus, je voudrais bien faire deux ou trois descentes avant de rentrer.

– Attends ! Regarde, on dirait des traces par terre…

– Des empreintes d'animaux ? demanda Chloé, un

peu effrayée.

– Non, ce ne sont pas des empreintes d'animaux, ce sont des traces de chaussures ; on n'est visiblement pas les seuls à fréquenter l'endroit…

Qui peut venir rôder dans cette grotte humide ?

Drôle d'idée pour une promenade ! Au fait, Romain explique à Chloé que l'humidité de la grotte vient de la condensation.
Elle vient plutôt de l'infiltration de l'eau dans le sol. Et l'eau ? Se condense-t-elle en refroidissant ou en chauffant ?

Écris ta réponse :

....

C'est ton premier indice. N'oublie pas de le noter p. 119, sur ta page-indices.

—> MAINTENANT, REJOINS ROMAIN AU N° 17.

MÉMO 19

14

Tu dois arrondir à la centaine la plus proche. 805 est plus proche de 800 ou de 900 ?

—> RETOURNE AU N° 20.

15

Il faut dire que la jolie Chloé était la fille de la secrétaire de la mairie du village. Elle connaissait personnellement le maire, on ne pouvait donc pas rêver mieux comme intermédiaire.

Julien l'interrompit en riant :

– Tu sais bien que Romain est toujours content que tu sois là ! Et même si ta mère était gardienne de zoo, tu serais toujours la bienvenue !

Chloé fit semblant de ne pas avoir compris les allusions des deux garçons et Romain, rouge vif, lança un regard plein de haine à ses deux prétendus amis. C'est vrai que, lorsqu'ils étaient au CP, Romain et Chloé se faisaient de grandes déclarations d'amour. L'ennui, c'est que Loïs et Julien étaient aussi dans la même classe… Ces témoins gênants ne manquaient jamais une occasion de rappeler cet épisode !

Romain, sans se laisser déconcentrer, reprit :

– Non, on ira voir le maire à cinq ou six élèves, ça aura plus de poids. On verra bien, dans un premier temps, ce qu'il dira ; il sera toujours temps que tu interviennes ensuite.

– Comme tu veux, répondit Chloé.

Puis, elle se leva et annonça :

– Je vais faire le tour du propriétaire ! Vous venez avec moi ? J'ai cru voir une grotte là-bas.

Romain bondit pour l'accompagner. Loïs essaya de se lever aussi, mais il se sentit violemment retenu par la manche et il s'écroula en arrière.

Qui, de Loïs ou de Romain, accompagnera Chloé dans la grotte ?

Sais-tu que les grottes se forment par l'infiltration des eaux dans les sols calcaires ? Cette érosion peut être accélérée par le passage d'une rivière souterraine ou de la lave d'un volcan qui creusent alors des galeries pouvant mesurer plusieurs kilomètres ! Il existe aussi des grottes sous-marines, creusées par le mouvement des vagues et des grottes dans les glaciers, formées par la fonte des glaces.

Et dans une grotte, il fait tout noir ! Mais alors, comment les enfants vont-ils réussir à y voir clair ? Heureusement que Romain a une boîte d'allumettes...
Aide-toi du tableau de proportionnalité pour trouver le nombre d'allumettes dont ils auront besoin en 6 minutes.

Temps écoulé	10 sec	60 sec	6 min
allumettes	6		

Tu trouves :
36 allumettes —> LIS LE N° 3
216 allumettes —> LIS LE N° 10

MÉMO 6

16

Le montant de la dépense comprend 158 unités de mille. —> RETOURNE AU N° 20.

17

Le lendemain en classe, Romain se tourna discrètement vers Chloé :
– Tu peux me donner les horaires d'ouverture de la mairie ?

– Bureau des renseignements à votre service : de 9 h à 18 h sans interruption du lundi au vendredi et de 9 h à 12 h le samedi matin. Bon, allez, c'est mon jour de bonté, je te donne vraiment tous les renseignements : le maire n'est pas toujours là, il a d'autres obligations et il faut prendre rendez-vous.
Avant qu'il ait eu le temps de lui demander, Chloé continua :
– OK, pas besoin de me faire un dessin, je demande un rendez-vous à ma mère.
Romain insista :
– Si ça ne te dérange pas, ça serait mieux un mercredi après-midi…
Chloé le regarda avec un petit air pincé :
– Tu me prends pour une imbécile ou quoi ? Tu croyais peut-être que j'allais te prendre un rendez-vous pendant un contrôle de maths ?
Le soir même, le téléphone sonna chez Romain. Sa mère décrocha et aussitôt un sourire illumina son visage.
– Romain ?
– Oui.
– Téléphone pour toi, c'est… Elle plaqua sa main sur le combiné et murmura : « Ta fiancée du CP… »

– Très drôle, Maman…

– Salut Chloé, ça va ?

– Oui, écoute, j'ai ton rendez-vous avec le maire, c'est mercredi prochain à 14 h. Préviens les autres et essayez de préparer un petit discours ou un papier pour lui exposer le projet parce qu'il n'aura qu'un quart d'heure à vous consacrer.

Qui va présenter le projet au maire ?

Connais-tu l'élection des maires ? Le maire est la personne qui dirige les affaires d'une ville ou d'un village avec d'autres élus. Lors des élections municipales, les citoyens élisent une liste de conseillers municipaux. Ces derniers élisent ensuite le maire pour une période de six ans.

Voilà pourquoi les enfants doivent convaincre le maire ! Pour réaliser le projet du skate parc, le maire pourrait utiliser 25 % des 24 000 euros consacrés à la Jeunesse et aux Sports dans sa commune.
À combien s'élève le montant de ce budget ?

....

....

6 000 euros —> **LIS LE N° 20**
600 euros —> **LIS LE N° 12**

18

Attention ! Tous ces animaux n'ont pas qu'une paire de pattes ! —> **RETOURNE AU N° 10.**

19

C'est la bonne réponse, bravo ! Cours au **CHAPITRE 2** pour le rendez-vous avec le maire !

20

– Ce n'est pas pour me vanter, mais ma mère est vraiment rusée, ajouta Chloé, elle a programmé votre rendez-vous avec le maire juste avant la réunion du conseil municipal, avec un peu de chance, il en parlera très vite aux conseillers.
– Ah bon, ce n'est pas lui qui décide tout seul ? demanda Romain.
– Non, mais il peut proposer le projet si celui-ci l'intéresse. D'ailleurs, j'ai une idée pour vous.
– Laquelle ?
– Voilà, je crois que vous devriez vous renseigner auprès des communes aux alentours qui ont fait réaliser un skate parc ou au moins un terrain de jeux équivalent. Le maire aurait déjà des pistes pour savoir globalement combien ça coûte.
– Oui, mais comment fait-on pour obtenir ce genre de renseignements ? rétorqua Romain.
– Essaye déjà sur Internet. Parce qu'il faut quand même que tu réalises que le maire, je ne suis

même pas certaine qu'il sache ce que c'est, un skate parc…

Le maire va-t-il s'intéresser au projet ?

Romain a cherché à évaluer le coût de ce projet et il pourrait être égal à cent cinquante huit mille huit cent cinq euros.
Quelle est la valeur approchée de cette dépense à la centaine près ? Coche la bonne réponse.

- ❑ 150 800 —> LIS LE N° 16
- ❑ 158 800 —> LIS LE N° 19
- ❑ 158 900 —> LIS LE N° 14

Mémo 3

2

Un projet ambitieux

1

Le mercredi suivant, les quatre amis se retrouvèrent devant le bureau du maire. Julien et Romain avaient réfléchi des heures à ce qu'ils allaient dire. Chloé finit par lâcher :

– Bon, on ne va pas en faire tout un plat, on va lui expliquer en cinq minutes pourquoi on est là, on lui laisse le dossier et puis c'est tout.

Pendant le week-end, Loïs, proclamé « grand spécialiste en skate », était allé chez Romain pour préparer un dossier. Tout y était soigneusement surligné de couleurs fluo pour faciliter la lecture.

Ils patientèrent dix minutes dans le couloir et, enfin, la porte s'ouvrit. Le maire vint à leur rencontre.

– Bonjour les enfants, quelle délégation ! Que me vaut votre visite ?

Julien se lança d'une voix un peu tremblante :

– Nous avons imaginé un projet qui plairait certainement à tous les enfants de la commune.

– Bien, jeunes gens, je vous écoute.

– Voilà, on voudrait savoir s'il serait possible de transformer l'ancienne carrière en skate parc.

– En quoi... ?

Comment intéresser le maire au skate-board ?

Skateboard est un mot anglais. *Skate* désigne une planche en bois sous laquelle sont fixés deux axes tenant chacun deux roues. Un skate peut servir à se déplacer, mais aussi à réaliser des « tricks » : des figures de toutes sortes, soit en pleine rue, soit dans des skate parcs.

Justement, Julien doit acheter des roues pour son skate. Il doit prendre des roues de 2,4 cm de diamètre.
Quel modèle doit-il choisir ? Entoure la bonne réponse.

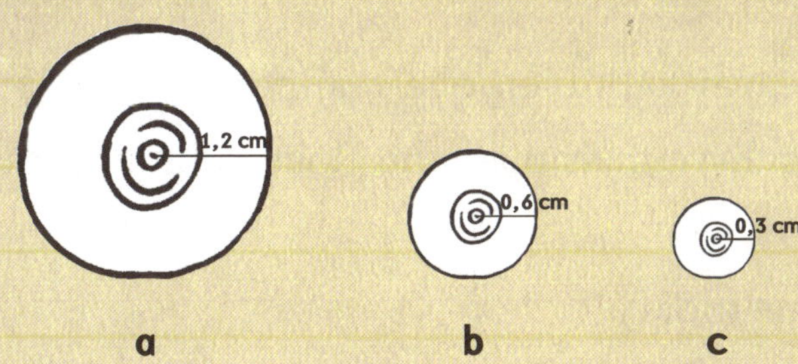

Le modèle a → LIS LE N° 9
Le modèle b → LIS LE N° 5
Le modèle c → LIS LE N° 8

MÉMO 15

2

La police ne sera pas apte à soigner les personnes blessées. —> RETOURNE AU N° 9.

3

Tu sais dans l'énoncé que A + C = 77 kg, or dans la solution que tu as choisie A = 50 kg et C = 20 kg, ce qui ferait 70 kg… —> RETOURNE AU N° 6.

4

Le lendemain en classe, malgré la mésaventure de l'éboulement, Loïs s'affairait sur un morceau de papier. Il ne vit pas madame Roussel, l'institutrice, arriver vers lui.

– Loïs, qu'est-ce que tu fais ? C'est le document de la page 27 ?

Loïs essayait tant bien que mal de cacher sa feuille sous son livre mais madame Roussel fut plus rapide que lui.

– Donne-moi ça.

Il tendit sa feuille, un peu penaud.

– Qu'est-ce que c'est que ce gribouillis ?

– C'est rien…

– Mais, si, explique-nous ce que c'est puisque ça a

l'air plus urgent que de faire ton analyse de document.

– C'est un parcours de skate, répondit Loïs, embarrassé.

– Un parcours de skate ? Et peut-on savoir pourquoi tu dessines un parcours de skate en classe ?

– Pardon. J'ajoutais juste une précision sur le dessin, je ne l'ai pas dessiné en classe, je vous assure.

- Bon, ça ira pour cette fois, dit madame Roussel, mais le dessin est confisqué jusqu'à la semaine prochaine.

Romain lança un regard agacé vers Loïs. Il attendait le dessin de son ami pour le comparer au sien et décider quel était le meilleur parcours pour une utilisation du VTT et du skate.

– C'est malin ! lâcha-t-il, une fois que madame Roussel eut tourné les talons.

– Oh ! ça va, fiche-moi la paix, répondit Loïs, très agacé de se faire sermonner par la prof et par son copain en même temps.

Ce soir-là, en rentrant de classe, Romain trouva une lettre, glissée sous la porte, dans l'entrée. L'enveloppe était blanche, toute simple, et ne portait aucun nom.

Que peut bien contenir cette lettre ?

Pour parvenir jusqu'à son destinataire, une lettre doit être affranchie. Si tu voulais envoyer une lettre chaque semaine à un de tes amis, combien devrais-tu payer à la fin de l'année, sachant qu'une lettre est affranchie à 0,53 euro ?
Coche la bonne multiplication.

- ❑ 0,53 x 52 = 27,56 → LIS LE N° 15
- ❑ 0,53 x 12 = 6,36 → LIS LE N° 7
- ❑ (0,53 x 7) x 12 = 44,52 → LIS LE N° 13

5

Attention, le rayon est deux fois plus petit que le diamètre ! Ici, le diamètre n'est que de 1,2 cm.

→ Retourne au n° 1.

6

Une heure plus tard, les amis arrivèrent à l'entrée de la carrière, bien décidés à faire le plein de bosses et de dérapages.

C'était Julien qui menait la troupe.

– Allez, suivez-moi, on va monter tout en haut et faire une descente tous en même temps, et en criant !

Mais au moment où les enfants avaient presque atteint le sommet de la colline, ils entendirent un grondement. Romain leva la tête et eut juste le temps de pousser Loïs et Chloé. Un énorme bloc de pierre venait de se détacher de la colline. Il s'écrasa en contrebas et passa à quelques mètres seulement des enfants.

Romain, tout pâle, attira Julien à part et lui dit :

– Tu n'as pas vu ?

– Non, répondit Julien, quoi ?

– J'ai cru voir quelqu'un partir de l'autre côté. Je suis sûr que le rocher ne s'est pas détaché tout seul.

– Non mais tu rêves ! assura Julien. Je l'aurais vu aussi s'il y avait eu quelqu'un, tu as trop d'imagination !

– Enfin c'est quand même bizarre, reprit Romain, que les rochers tombent juste après qu'on a parlé du projet de skate parc ! Vous croyez que ça pourrait déranger quelqu'un ?

Cet éboulement va-t-il empêcher la poursuite de leur projet ?

Un éboulement, qu'est-ce que c'est ? C'est une chute de pierres qui se produit à la suite d'un mouvement du sol ou du sous-sol. Il est causé par l'érosion qui peut être due aux infiltrations des eaux de pluie, à la mer qui creuse des cavités au pied des falaises ou aux travaux de l'homme (carrières, mines…).

Donc, attention danger ! Sais-tu que trois rochers ont été retrouvés à côté des enfants et ils aimeraient connaître la masse de chacun. Entoure une des trois solutions après avoir regardé les dessins.

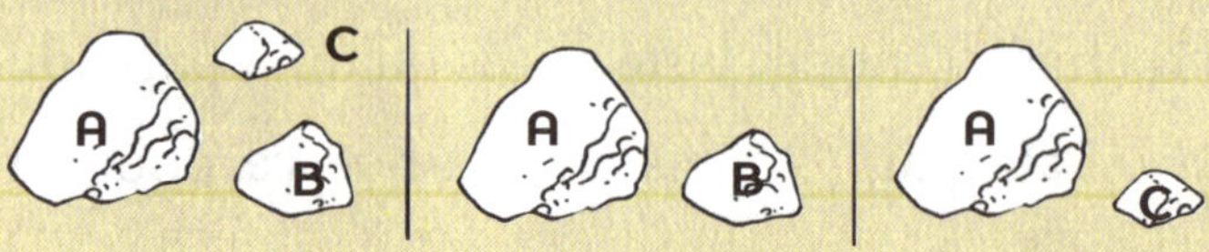

100 kg | **80 kg** | **77 kg**

....

Tu trouves que A = 50 kg ; B = 30 kg ; C = 20 kg

→ LIS LE N° 3

Tu trouves que A = 57 kg ; B = 23 kg ; C = 20 kg

→ LIS LE N° 4

Tu trouves que A = 40 kg ; B = 40 kg ; C = 20 kg

→ LIS LE N° 11

7

Attention, une année comprend 52 semaines.

—> RETOURNE AU N° 4.

8

Le rayon est égal à la moitié du diamètre, soit 2,4 cm divisé par 2. Refais ton opération et RETOURNE AU N° 1.

9

Julien se racla la gorge et essaya d'articuler pour se faire comprendre du maire.

– Un skate parc, c'est un endroit avec des bosses, des descentes, pour faire du skate-board et aussi du vélo.

– Jamais entendu parler de ça… Le skate-board, c'est la planche à roulettes ?

– Oui, exactement, répondit Loïs.

– C'est dangereux d'en faire dans la rue !

– Justement, rétorqua Julien, c'est la raison pour laquelle nous vous proposons ce projet de skate parc dans l'ancienne carrière.

– Ah… Mais, dites-moi, il faut d'abord que je me renseigne pour savoir si ce terrain appartient à la commune, je n'en suis pas sûr.

Romain vint à la rescousse de Julien.

– Nous nous sommes déjà renseignés, monsieur le maire, il appartient bien à la commune, c'est votre prédécesseur à la mairie qui l'a racheté un franc symbolique quand la carrière a fermé…

– Vous en savez des choses ! Dans ce cas, je vais étudier le dossier. Ça peut être intéressant…

À peine sortis, Loïs lança :

– On va à la carrière ? Tu me prêtes ton vieux vélo, Romain ?

– Moi ce que je trouve génial, ajouta Chloé, c'est qu'à la carrière on peut hurler comme des fous, personne n'entend rien.

– Justement, dit Romain, c'est mieux de ne pas y aller seuls, c'est quand même un endroit très isolé.

– Mais, qu'est-ce que tu veux qu'il nous arrive ?

– Je n'en sais rien, n'importe quoi. Tiens, par exemple : si tu tombes de ton VTT en te faisant vraiment mal, tu es trop loin pour prévenir qui que ce soit…

Nos amis risquent-ils un accident ?

Attention ! Pour pratiquer certains sports en toute sécurité, il faut s'équiper correctement. Tu sais peut-être que pour l'équitation, tu dois porter une bombe sur la tête, que pour le skate-board, tu dois mettre un casque et des protections et qu'enfin si tu veux faire de l'escrime, il ne faudra pas oublier ton masque et ta combinaison.

En cas d'accidents corporels graves, sais-tu si tu dois :

- ❑ Appeler le Samu en composant le 15.
  → LIS LE N° 6
- ❑ Appeler la police en composant le 17.
  → LIS LE N° 2

MÉMO 23

10

Attention ! 20 n'est pas un multiple de 3.

→ Retourne au n° 15.

11

Tu sais que A + C = 77 kg, or dans la solution que tu as choisie, A = 40 kg et C = 20 kg, ce qui ferait 60 kg…

→ Retourne au N° 6.

12

Il décrocha lentement le combiné et entendit la voix familière de sa mère.

– Romain, c'est Maman, je serai en retard ce soir et Papa a une réunion. Tu peux te faire chauffer un hamburger.

Romain ne réagit même pas aux propos de sa mère, il tenait encore la lettre entre ses mains et ne pouvait en détacher son regard.

– Romain ? Tu m'as entendue ?

– Oui, répondit Romain, en essayant malgré tout de retrouver une voix normale.

– Je te laisse, chéri, à plus tard !

Romain n'avait qu'une idée en tête : téléphoner au plus vite à Julien pour lui parler de cette drôle de lettre. Pas question d'en parler aux parents : leur réaction était trop prévisible, ils interdiraient purement et simplement aux enfants de retourner à la carrière.

Romain composa en trois secondes le numéro de Julien, mais c'est la mère de celui-ci qui décrocha.

– Il est parti à la carrière, d'ailleurs, je ne comprends pas, il m'a dit qu'il y allait avec toi, qu'est-ce qui se passe ?

Que va décider Romain ?

Choisis une des trois réponses.
Tu penses qu'il veut...

- tout dire aux parents.
- contacter le maire.
- garder le secret.

Écris ta réponse :

....

C'est ton deuxième indice. N'oublie pas de le noter p. 119, sur ta page-indices.

—> MAINTENANT, RETROUVE ROMAIN AU N° 23.

13

Attention, il s'agit d'envoyer une lettre par semaine, pas sept lettres par mois... —> Retourne au n° 4.

14

Dommage ! Car avec ce système tes roues ne tourneraient pas et ton vélo ne pourrait pas rouler. Pas très pratique pour un vélo ! —> Retourne au n° 23.

15

« Encore une pub d'un fabricant de fenêtres ou d'un vendeur de cuisines » se dit Romain, mais il n'y avait aucune indication. Il la déposa sur la console de l'entrée, pour laisser à ses parents le soin de l'ouvrir. Il partit vers sa chambre, mais sa curiosité l'emporta et il revint sur ses pas. Il ouvrit délicatement l'enveloppe et en extirpa un bout de papier griffonné. Une seule phrase y était inscrite :

« La carrière est maudite ! N'y retournez pas
ou vous aurez des ennuis ! »

Au même moment, le téléphone sonna. Romain sursauta, s'attendant à entendre une voix menaçante, celle de l'expéditeur de la lettre. Son cœur battait à tout rompre, cette curieuse missive lui donnait des sueurs froides.

Qui est au téléphone ?

Si Chloé voulait appeler Romain, elle ne pourrait pas car les deux derniers chiffres de son numéro se sont effacés. Mais elle dispose d'indices : les deux derniers chiffres forment un nombre multiple de 2, de 3 et de 5, et inférieur à 40.

....

Est-ce 20 ? —> LIS LE N° 10

Est-ce 30 ? —> LIS LE N° 12

Est-ce 40 ? —> LIS LE N° 20

16

Avant de faire la division, il faut d'abord convertir 12 km en mètres. —> RETOURNE AU N° 18.

17

Sur un vélo les roues sont entraînées par une chaîne. Choisis une autre solution.

—> RETOURNE AU N° 23.

18

Arrivé à quelques mètres de l'entrée de la carrière, Romain, à bout de souffle, hurla de toutes ses forces :

– Julien, Julien !

Pas de réponse.

– Julien !

Sa voix résonnait, il y avait de l'écho.

Et si on avait voulu les attirer tous les deux ici pour les faire tomber dans un piège ?

Il était trop tard pour envisager une autre solution et Romain ne pouvait pas abandonner son ami.

Soudain, il entendit la voix amusée de Julien derrière lui :

– On ne peut même plus faire de vélo tranquille, ici !

Mais Romain n'était pas d'humeur à plaisanter.

– Vite ! Dépêche-toi ! On file d'ici le plus vite possible. On est en danger !

Les deux garçons enfourchèrent leur vélo.

– Où allons-nous ?

– Chez moi, j'ai quelque chose à te montrer.

– J'espère que tu n'as pas appelé chez moi ? s'inquiéta Julien.

– Si, dit Romain, et c'est grâce à ta mère que je sais

que tu es là, mais tu pourrais prévenir quand tu dis qu'on va ensemble à la carrière, j'avais un peu l'air idiot au téléphone.

– J'étais bien obligé d'inventer quelque chose, elle ne veut pas que j'y aille seul. Je ne pouvais pas prévoir que tu téléphonerais chez moi. Mais enfin, qu'est-ce que tu as à regarder partout autour de toi, comme ça ?

– Attends, tu vas comprendre, dit Romain.

Dès que les deux amis arrivèrent dans la chambre de Romain, ils s'installèrent sur le lit et celui-ci sortit la lettre qu'il avait glissée sous son oreiller. Julien la lut et regarda son copain, un peu décontenancé.

– Bon, dit Julien, qu'est-ce qu'on fait ?

Pendant ce temps, Chloé a-t-elle donné l'alarme ?

Romain et Julien sont rentrés de la carrière en vélo. Ils ont roulé en moyenne à 12 km/h. À cette allure, quelle est la distance parcourue en une minute ? Rappelle-toi qu'une heure comprend 60 minutes. Coche la bonne réponse.

....

- ☐ 20 km → LIS LE N° 16
- ☐ 20 m → LIS LE N° 22
- ☐ 200 m → LIS LE N° 21

MÉMO 11

19

Tu as inversé ton classement, n'oublie pas que tu dois commencer par la piste la plus simple.

→ RETOURNE AU N° 21.

20

Le nombre que tu cherches est inférieur à 40.

→ RETOURNE AU N° 15.

21

– Je ne sais pas ce que tu en penses, reprit Romain, mais moi, ça commence à me faire un peu peur toute cette histoire.

Brusquement, Romain se souvint qu'il devait téléphoner à Chloé afin de lui dire qu'il était bien rentré.

– Oh zut !

Julien le regarda, surpris.

– Quoi, encore ?

– Chloé !

– Mais quoi, Chloé ?

– Je t'expliquerai, vite le téléphone !

Il n'eut qu'à appuyer sur la touche bis. Chloé décrocha aussitôt.

– Il était moins une, lui dit-elle, je te jure que j'allais téléphoner à tes parents. Tu vas enfin m'expliquer ?

– Excuse-moi, tout va bien, je te raconterai demain. Julien est avec moi et on doit faire le point.

– Vraiment ? Et moi je dois aller dîner, alors à demain.

Julien demanda :

– Qu'est-ce que Chloé vient faire dans l'histoire, elle est déjà au courant ? Et Loïs ?

– Non, je n'ai pas parlé à Loïs et Chloé ne sait rien, mais, par sécurité, je lui avais demandé de vérifier que j'étais bien rentré. Tu comprends, j'avais peur qu'on ait des problèmes…

Les enfants devront-ils renoncer à proposer leur parcours ?

Les enfants ont imaginé des parcours de difficultés et de distances inégales.
La piste A est la plus longue et la moins difficile.
La piste B est plus difficile que la piste C, et la piste D est plus difficile que B. Trouve un classement des pistes, de la plus simple à la plus compliquée.

....

A C B D —> **LIS LE N° 25**
A B C D —> **LIS LE N° 24**
D B C A —> **LIS LE N° 19**

22

Tu as peut-être fait une erreur de conversion.

1 km = 1 000 m. —> **RETOURNE AU N° 18.**

23

Pris de court, Romain improvisa un mensonge :

– Justement, c'était pour dire à Julien que j'étais un peu en retard, ce n'est pas grave, je vais le rejoindre tout de suite. Au revoir Madame.

– À bientôt Romain…

N'écoutant que son courage, Romain s'apprêtait à rejoindre Julien. Une angoisse terrible l'étreignait.

Julien était fou d'être parti seul ! Comment faire ? Et si le danger était immédiat ? Le rocher qui se décrochait, puis maintenant cette lettre de menace, il ne pouvait plus s'agir de coïncidences… Quelqu'un voulait vraiment les éloigner de la carrière. Le rejoindre ? Oui, mais s'il leur arrivait un problème à tous les deux ? Il fallait bien prévenir quelqu'un !

Seule solution : appeler Chloé.

– Salut Chloé, c'est Romain, j'ai besoin que tu me rendes un service.

– Oui, qu'est-ce que je peux faire pour toi ?

– Écoute, ça va te paraître bizarre mais il faut que tu me promettes que si je ne t'ai pas rappelée avant une heure et demie, tu préviens mes parents et tu leur dis que je suis parti à la carrière et qu'il faut qu'ils viennent me chercher là bas.

– Quoi ? Comment ? Mais qu'est-ce que c'est que cette histoire ? Tu as un problème ? Romain, dis-moi ce qui se passe !

– Chloé, il ne faut pas que tu me poses de questions, je n'ai pas le temps de t'en dire plus. Tu me promets, tu attends mon coup de fil et si je ne t'ai pas appelée dans une heure et demie, tu préviens mes parents, OK ?

– D’accord mais tu me fais peur avec tes histoires bizarres !

– À tout à l’heure.

Romain sortit de chez lui en trombe, enfourcha son vélo et pédala à perdre haleine.

Romain arrivera-t-il à temps à la carrière ?

Romain pédale à toute vitesse sur son vélo...
À ce propos, quel est le système d'entraînement d'un vélo ?
Entoure la bonne réponse.

A B C

Si tu as choisi A —> LIS LE N° 17
Si tu as choisi B —> LIS LE N° 18
Si tu as choisi C —> LIS LE N° 14

Mémo 22

24

Non, ton classement n'est pas le bon car la piste B est plus difficile que la piste C.

—> Retourne au n° 21.

25

Bravo ! File au **chapitre 3** voir si les menaces se précisent !

3

Une découverte inquiétante

1

Chloé était déjà en train de faire les cent pas dans la cour de l'école quand Romain arriva.

– Tu m'as fait très peur hier soir au téléphone, raconte-moi ce qui s'est passé.

Julien arriva au même moment et, à voir les cernes qui ombraient ses yeux, on comprenait que la nuit avait dû être trop courte.

– J'ai retourné le problème dans tous les sens, dit Julien. J'en suis arrivé à la conclusion suivante : c'est une mauvaise blague. Quelqu'un veut nous faire peur et c'est réussi ! On va arrêter d'y penser et on aura oublié tout ça dans deux jours.

Chloé s'énerva :

– Vous allez enfin m'expliquer ?

– Voilà, j'ai reçu une lettre m'avertissant de ne pas retourner à la carrière, dit Romain dans un souffle.

– Une lettre de qui ? demanda Chloé.

– Mais tu ne comprends pas ? répliqua Romain, aussi inquiet qu'énervé, c'était une lettre anonyme !... Une menace !

Après la cantine, les trois amis, enfin seuls, se retrouvèrent dans la cour.

Julien prit la parole :

– Tu as repensé à ma conclusion ? Je suis sûr que quelqu'un nous fait une blague.

Chloé essayait de comprendre :

– Mais qui pourrait faire une blague aussi stupide ? À qui a-t-on parlé de ce projet de skate parc ?

Romain hocha la tête, amusé :

– Alors là, ce n'est pas une bonne piste, on a dû le dire à au moins 300 personnes. Et grâce à Loïs, qui passe son temps à dessiner des parcours, même la prof est au courant ! Il nous faut à tout prix découvrir l'auteur de la lettre…

Chloé croit-elle qu'il s'agit d'une blague ?

En attendant d'avoir des nouvelles de ses amis, Chloé a fait les cent pas en longeant les murs de la cour. En tout, elle a parcouru 168 m. Quelle est la longueur des côtés de la cour, sachant qu'il s'agit d'un carré dont le périmètre est égal à 168 m ? Convertis ta réponse en cm.

....

4 200 cm —> LIS LE N° 9
42 000 cm —> LIS LE N° 6

MÉMO 16

2

Il fallait relier A et produit irritant et nocif, B et produit toxique, C et produit inflammable. Il serait temps que les enfants sortent de la carrière !

—> REJOINS-LES AU N° 7.

3

Moi, je crois qu'on devrait faire une petite expédition à la carrière, dit Julien.
– Oui, renchérit Loïs, si on veut nous en éloigner, c'est que quelque chose y est caché. En plus, si on s'y

rend tous ensemble, on aura sûrement moins peur…
– D'accord, acquiesça Julien.
– Alors, rendez-vous mercredi à 14 heures chez moi, proposa Romain.
Le mercredi suivant, les quatre amis se retrouvèrent pile à l'heure chez Romain. Ils enfourchèrent leur vélo et partirent à la carrière. Ils laissèrent les vélos à l'entrée, décidant de mener leurs investigations vers la grotte. Après tout, c'était le seul endroit où il était possible de cacher quelque chose, tout le reste étant à ciel ouvert.
Chloé, un peu inquiète, dit aux autres :
– Je crois que nous faisons fausse route. Il n'y a pas de trésor ou de cadavre à découvrir. On regarde trop de films, les amis…
Mais alors qu'ils pénétraient dans la grotte, Julien interrompit Chloé tout à coup.
– Regardez ! dit-il.

Que voient-ils dans la grotte ?

Les grottes abritent des stalactites et des stalagmites. Elles se forment par l'infiltration de l'eau dans la roche qui, en s'écoulant, dépose de la poussière de roche. Avec le temps, de petits amas se forment et donnent naissance à des pics plus ou moins épais. Les stalagmites s'élaborent du sol vers la voûte et les stalactites de la voûte vers le sol.

D'accord Fred ! Et précisément, s'il s'agissait de mesurer la quantité d'eau qui s'écoule en une journée, on trouverait un résultat :

- ❑ en m^2 ? —> **LIS LE N° 8**
- ❑ en m^3 ? —> **LIS LE N° 17**
- ❑ en m ? —> **LIS LE N° 12**

MÉMO 14

4

Si Julien doit parcourir 1500 m + 500 m, soit 2 000 m, alors Chloé habite à 400 m de la carrière.

—> **Retourne au n° 7.**

5

Il est dit que Loïs habite à 1 500 m de la carrière.

→ **RETOURNE AU N° 7.**

6

Tu as fait une erreur de conversion. Recompte bien le nombre de zéros… → **RETOURNE AU N° 1.**

7

– Mais, demanda Loïs, on a le droit de laisser des bidons de produits toxiques n'importe où ?

– Je ne crois pas, dit Chloé, surtout s'ils sont là depuis dix ans…

– Ça m'étonnerait, reprit Romain. Il n'y avait aucun bidon ici la semaine dernière, j'en suis totalement sûr.

– Bon, dit Chloé, raison de plus pour ne pas traîner ici, on s'en va ?

Ils sortirent de la carrière, remontèrent sur leur vélo et repartirent.

Arrivés au croisement de la route départementale, Chloé hurla :

– Attention ! Poussez-vous ! Elle se jeta sur le bas-côté et tomba dans les hautes herbes qui bordaient le

fossé. Romain se précipita vers elle mais elle se releva aussitôt en se tenant le dos.

– Ça va, rien de cassé mais je ne comprends pas, on dirait que mon vélo n'a plus de freins.

Les enfants examinèrent alors le vélo ; les deux freins étaient sectionnés net. Ils se regardèrent, inquiets. Tout le monde rentra au pas.

– C'est étrange, dit Chloé, il n'y avait personne et je suis certaine que les freins marchaient à l'aller.

Romain déclara :

– Là, ça commence à faire beaucoup pour une blague, vous ne trouvez pas ?

– Oui, répondit Julien, c'est clair, ce n'est pas une blague.

Quelle distance les enfants vont-ils parcourir pour rentrer ?

Les quatre amis n'habitent pas à la même distance de la carrière. Loïs est à 1 500 m de la carrière. Chloé doit parcourir $\frac{1}{5}$ de la distance que doit parcourir Julien. Julien doit parcourir $\frac{1}{3}$ de plus que Loïs et 10 fois plus que Romain.

Qui habite à 200 m de la carrière ?

....

Chloé —> LIS LE N° 4

Romain —> LIS LE N° 15

Loïs —> LIS LE N° 5

Julien —> LIS LE N° 10

MÉMO 5

8

Le m² ne sert pas à mesurer un volume mais une surface. —> RETOURNE AU N° 3.

9

Une semaine plus tard, en arrivant en classe, ils remarquèrent le visage totalement décomposé de Loïs. Chloé, Romain et Julien se regardèrent. Avant de partir à la cantine, ils réussirent à le rattraper.

– Tu fais une drôle de tête, tu as des soucis ?

– Oui, quelqu'un me menace, c'est assez inquiétant.

Romain se lança :

– C'est une lettre ?

– Comment le sais-tu ? demanda Loïs.

– J'en ai reçu une la semaine dernière.

Loïs sortit la lettre de la poche arrière de son jean. Romain reconnut aussitôt le format et l'enveloppe. Il la prit et lut.

« La carrière est maudite ! N'y retournez pas ou vous aurez des ennuis ! »

– C'était exactement la même, dit-il à Loïs en la lui rendant.

– Pourquoi ne m'en avez-vous pas parlé ? grogna Loïs.

– On ne voulait pas t'inquiéter pour rien, on pensait que c'était une mauvaise blague d'un de nos copains.

– Attends, reprit Loïs, si jamais c'est une blague et que je retrouve le débile qui a fait ça, je lui fais la peau !

– Calme-toi ! intervint Chloé, tu n'es pas dans un film de Jackie Chan ! On va plutôt essayer d'utiliser notre tête.

Faut-il prendre ces menaces au sérieux ?

Que pensent les quatre enfants à propos de la lettre ?
Ils croient que ce pourrait être :

- une blague ?
- une erreur ?
- une véritable menace ?

Écris ta réponse :

....

C'est ton troisième indice. N'oublie pas de le noter p. 119, à la page-indices.

—> Maintenant, va au n° 3.

10

Ce n'est pas Julien puisqu'il doit parcourir 500 m de plus que Loïs. —> Retourne au n° 7.

11

Ils repartirent de la mairie la tête basse.

– Qu'est-ce qu'on fait maintenant ? demanda Loïs.

Julien formula ce que les autres pensaient tout bas :

– Son attitude est quand même étrange, il paraissait séduit par le projet au départ… C'est drôle que, juste au moment où l'on s'intéresse à cette carrière, une entreprise se manifeste aussi, non ?

– Tu penses qu'il nous ment ? Que c'est juste pour nous décourager ? demanda Chloé, mais pourquoi ?

Romain dit aux autres :

– Je crois qu'on n'a pas le choix maintenant. Si on veut en savoir plus, il faut aller y faire un tour la nuit.

– Super ! dit Loïs, on prend des bâtons ?

– Loïs, tu es pénible avec tes armes, répondit Romain, on y va pour observer, pas pour se battre.

– Vous me téléphonerez dès que vous serez rentrés, dit Chloé, je m'arrangerai pour garder le téléphone avec moi dans la chambre, comme ça si jamais il arrive quelque chose, je pourrai donner l'alerte.

– Impossible, lui dit Romain, on ne pourra pas t'appeler et de toute façon, il va falloir qu'on passe la nuit dehors. Je serai censé dormir chez Julien et lui chez moi, donc on ne peut pas rentrer en pleine nuit.

– Mais… vous n'allez pas dormir du tout ? demanda Chloé.

– Non, on fera des tours de garde pour dormir et on emportera nos doudounes de ski pour avoir chaud.

– Attends, dit Julien, la mienne est dans la chambre de ma mère avec toutes les affaires de ski, je ne peux pas la prendre sans qu'elle s'en aperçoive !

– Ne t'en fais pas, je te prêterai la mienne, lui répondit Chloé.

– Ne me dis pas qu'elle est rose !

– Désolée, mon petit chou. Mais la nuit ça ne se verra pas…

– Oh ! La honte, une doudoune rose ! ricana Loïs.

– Tais-toi Loïs, on ne t'a pas sonné et en plus elle est rose très foncé, rétorqua Chloé.

Julien résistera-t-il mieux au froid qu'aux moqueries ?

Bien sûr qu'il fait plus froid la nuit ! La température augmente le jour, car le Soleil réchauffe le sol qui renvoie à son tour des rayons infrarouges réchauffant l'atmosphère. Ces rayons sont piégés dans l'atmosphère et retournent vers la Terre. La chaleur reste donc et adoucit la température de la Terre.

C'est très intéressant, Fred. Voici un tableau des températures moyennes en Ile-de-France pour une année.

Mois de l'année	J	F	M	A	M	J
Température moyenne (en degrés)	6	8	11	15	19	22
Mois de l'année	J	A	S	O	N	D
Température moyenne (en degrés)	24	23	21	16	10	7

Quel est le bon raisonnement pour calculer la température moyenne annuelle ? Coche la bonne réponse.

- ☐ Additionner toutes les températures puis diviser le résultat par 12 —> **LIS LE N° 18**
- ☐ Additionner toutes les températures puis multiplier le résultat par 12 —> **LIS LE N° 14**
- ☐ Additionner toutes les températures —> **LIS LE N° 16**

MÉMO 9

12

Le mètre (m) sert à mesurer une longueur et non un volume. —> **RETOURNE AU N° 3.**

13

E	F	N	M	G

Pour trouver la lettre qui correspond à la première lettre du mot, tu avances de 2 lettres. Pour la suivante, tu recules de deux, etc. Maintenant, rejoins les enfants à la sortie de la mairie au **n° 11.**

14

Si l'on additionne les températures des 12 mois de l'année, il faut ensuite diviser par 12 pour trouver la température moyenne, sur une année. **—> Lis le n° 18.**

15

Plus tard dans l'après-midi, Romain téléphona à Chloé.

– Chloé, tu as du nouveau ?

– Tu penses bien que si j'avais des infos, je t'en aurais parlé.

– Tu sais, reprit Romain, je crois qu'on devrait aller faire un tour à la carrière la nuit. Je suis sûr que si quelqu'un veut cacher quelque chose, il ne prendra pas le risque de se faire voir en plein jour.

– Peut-être, mais moi, ça me fiche la trouille ! rétorqua Chloé.

– J'irai avec Loïs ou Julien, on s'arrangera.
– C'est trop risqué, reprit Chloé. Moi, je pense qu'on devrait retourner voir le maire, l'air de rien, pour lui demander s'il a réfléchi au projet. On pourrait lui glisser que certaines personnes ont l'air bien déterminées à faire échouer ce projet.
– Il va forcément demander pourquoi, remarqua Romain.
– Eh bien justement, s'il semble étonné, ce sera déjà la preuve que ce n'est pas lui qui veut nous éloigner de la carrière !
Ce soir-là, Romain téléphona à Julien et Loïs pour leur exposer le plan de Chloé. Ils se donnèrent rendez-vous à la mairie comme convenu.
Avant même d'arriver devant la porte de son bureau, les enfants virent de loin le maire dans le couloir. Quand ce dernier les aperçut, il s'avança vers eux.
– Ah, c'est vous à nouveau ! Au sujet de votre idée de skate parc, je me suis renseigné, c'est beaucoup trop dangereux et de toute façon, vous allez être déçus, car il se pourrait bien que la commune vende le terrain à une entreprise.
Et sans leur laisser le temps de répondre, il déclara

d'un ton péremptoire :

– Vous feriez mieux de vous concentrer sur vos études au lieu de toujours vouloir vous amuser !

Les enfants, totalement stupéfaits, le regardèrent pénétrer dans son bureau.

Que cache l'attitude du maire ?

Lui, si enthousiaste, ne soutient plus leur projet... Avant de savoir pourquoi, réponds à ce petit problème de logique. Depuis quelques mois, Julien et Romain ont inventé un code secret. ROMAIN s'écrit TMOYKL et JULIEN s'écrit LSNGGL. Comment écrirais-tu CHLOÉ ?

Pour connaître la réponse → va au n° 13.

16

Ce n'est pas la bonne réponse. Tu as oublié une opération. Retournes-y et courage ! → Retourne au n° 11.

17

La lampe torche de Julien éclairait le fond de la grotte et révélait de drôles de formes sur les parois.

– Qu'est-ce que c'est ? demanda Loïs.

– Je ne sais pas, mais on dirait que ça bouge, dit Romain.

Julien avançait toujours vers le fond de la grotte, les trois autres suivaient en restant bien groupés. Loïs murmura d'une voix peu assurée :

– Julien, attends, on va venir avec toi !

Mais il était déjà arrivé au fond.

Au bout d'un moment qui parut une éternité, Julien lança :

– Venez, il n'y a pas de raison d'avoir peur, ce ne sont que des bidons.

Les trois autres pressèrent le pas.

Loïs demanda :

– Des bidons de quoi ?

– Je ne sais pas, reprit Julien, mais il y a quelque chose d'inscrit... J'ai du mal à lire...

Romain examina attentivement l'un des bidons.

– Euh… une croix noire sur un fond orange. Je ne sais pas exactement ce qu'il y a dedans mais c'est une étiquette qui signale que le produit est dangereux. On ne devrait peut-être pas rester là ! Et si jamais on en respire… !

Les enfants sont-ils menacés par ces produits dangereux ?

Lorsque nous inspirons, l'oxygène pénètre dans les poumons et arrive dans de petits sacs : les alvéoles pulmonaires. Là, de minuscules vaisseaux transportent l'oxygène dans le sang. Ce chemin est le même quoi que l'on respire, voilà comment des produits dangereux peuvent être absorbés par l'organisme et pourquoi on risque une intoxication.

Voici quelques étiquettes de produits dangereux, relie-les à leur signification.

A

B

C

Produit toxique — **Produit inflammable** — **Produit irritant et nocif**

Si tu penses avoir trouvé **—> VA AU N° 2**

18

Bravo, tu peux retrouver Julien et Romain qui passent leur nuit dans la carrière au **CHAPITRE 4**.

4

Une nuit agitée

1

– Julien ! Réveille-toi !

Romain tirait Julien par la manche.

– Regarde !

Julien écarquilla les yeux et réalisa qu'il était allongé derrière un buisson, au sommet de la colline surplombant la carrière et non pas dans son lit douillet. Une camionnette blanche s'avançait en contrebas, tous phares éteints.

– Quelle heure est-il ? demanda Julien, encore tout endormi.

– Trois heures dix.

La camionnette s'arrêta et deux hommes en descendirent. Ils ouvrirent les portières arrière et pénétrèrent à l'intérieur. Cinq minutes plus tard, ils descendirent deux énormes fûts bleus qu'ils roulèrent vers la grotte.

– Tiens, on dirait qu'ils repartent…

Romain, paniqué, se rendit compte aussitôt qu'il avait parlé un peu fort.

Les deux hommes levèrent alors la tête en même temps en direction des deux garçons. Le plus grand dit à l'autre :

– Tu as entendu ?

– Oui, on dirait que ça vient d'en haut, je vais voir.

Il commençait déjà à écarter les broussailles pour se frayer un chemin vers le sommet de la colline où étaient installés les deux amis.

– Oh ! non, ils montent vers nous ! chuchota Romain.

– Rampons jusqu'à l'arbre, c'est la seule solution, lança Julien.

Les garçons vont-ils se faire piéger ?

Comment Romain et Julien se font-ils repérer par les deux hommes qui sortent de la camionnette ?

- En allumant leur lampe de poche.
- En parlant un peu trop fort.
- En marchant sur des branches.

Écris ta réponse :

....

C'est ton quatrième indice. N'oublie pas de le noter p. 119, sur ta page-indices.

→ Maintenant lis le n° 5.

2

Ce n'est pas la bonne réponse, tu as confondu la durée du jour avec celle de la nuit. → Retourne au n° 9.

3

Romain et Julien entendirent une sonnette de vélo et une voix familière qui les appelait. Ils sortirent de leur cachette et firent de grands signes.

– Chloé ! On arrive !

– Mes parents sont partis très tôt ce matin. J'en ai profité pour filer ; je n'ai pas dormi de la nuit tellement j'étais inquiète. Je vous ai apporté du pain et du chocolat, j'imagine que vous avez faim.

Romain se jeta sur la nourriture.

– Bon, alors ? Vous avez vu quelque chose ? demanda-elle.

– Oui, une camionnette vers trois heures du matin. Deux hommes ont déchargé des gros bidons, lui répondit Romain.

– Les mêmes que ceux que l'on a vus dans le fond de la grotte ?

– On dirait. On va voir ? proposa Julien.

– OK, mais cette fois, si on a des ennuis, il n'y aura personne pour prévenir, reprit Romain.

– J'ai quand même laissé un mot dans ma chambre, au cas où… intervint Chloé.

Ils se dirigèrent tous les trois vers la grotte.

– Regardez, les mêmes bidons ! Je ne sais pas combien ils vont en apporter mais il commence à y en avoir beaucoup ! s'exclama Romain.

– De toute façon, je ne vois pas ce qu'il y a de mal avec des bidons, rétorqua Julien.

– Ah bon ? Alors, explique-moi pourquoi ils se donnent la peine de les apporter en pleine nuit en éteignant les phares de leur camionnette !

Pourquoi ces hommes se dissimulent-ils ?

On n'a pas le droit de déposer des produits dangereux dans la nature car ils peuvent se répandre dans les sols, les rivières ou les océans, mettre en péril la faune et la flore et menacer l'écosystème.

logo des produits recyclables

Bien compris, Fred ! D'ailleurs, plusieurs bidons ont été entreposés illégalement dans la grotte. Retrouve leur place grâce aux indices de ce problème de logique.

....

Le bidon B est entre le D et C. Le bidon E est en 4e position. Trouve dans quel ordre sont rangés ces cinq bidons. Entoure la bonne réponse.

CBDEA —> LIS LE N° 6

DBCEA —> LIS LE N° 9

4

Ce n'est pas la bonne réponse. N'oublie pas qu'il faut deux demi-carreaux pour former 1 cm². Courage !

—> Retourne au n° 7.

5

Contre toute attente, les deux hommes rebroussèrent chemin après quelques mètres. L'un d'eux avait ramassé une grosse pierre en montant sur la falaise.
– C'était sûrement le bruit des cailloux, dit-il à l'autre homme. Celui-ci marmonna et les deux garçons les virent avec soulagement remonter dans la camionnette et repartir doucement.
Un peu plus tard, alors qu'il s'était rendormi, Romain se réveilla, transi de froid. Le ciel était gris bleu, le jour commençait à se lever. Julien jeta un œil à sa montre.
– Il est sept heures, il nous reste une heure et demie à tuer avant d'aller à l'école, on ne va pas être frais. Je ne pensais pas qu'il faisait aussi froid, la nuit, au mois de mars. J'espère que Chloé n'oubliera pas nos sacs à dos.
– Moi, j'espère surtout qu'elle arrivera à les porter ! répondit Romain, prévenant.

– Et moi, j'espère que Loïs n'oubliera pas mon blouson, reprit Julien. Hors de question qu'on me voie à l'école avec une doudoune rose, je crois que je préférerais attraper une pneumonie !

– Tu penses qu'on peut descendre pour voir ce qu'ils ont sorti de la camionnette ?

– Attendons le dernier moment, on ne sait jamais, s'ils avaient laissé quelqu'un sur place…

– Où sont les gâteaux ?

– Il n'y en a plus, j'ai tout mangé cette nuit pendant que tu dormais.

– Mais, tu es malade, ça ne se fait pas ! J'ai hyper faim !

– En échange, je t'ai laissé dormir plus longtemps !

Romain et Julien essayèrent de se rendormir mais c'était impossible, surtout le ventre vide...

Une heure plus tard, ils entendirent à nouveau du bruit…

Qui a intérêt à venir dans la carrière aussi tôt ?

Serait-ce Chloé avec le petit déjeuner ? Et toi, as-tu une alimentation équilibrée ? Entoure, parmi ces propositions, le petit déjeuner le plus équilibré.

- Un jus de fruits, deux tartines au fromage et une pomme. —> LIS LE N° 3
- Un bol de céréales avec du lait. —> LIS LE N° 8
- Deux tartines de pain, un verre d'eau et une banane. —> LIS LE N° 13

Mémo 20

6

Cette réponse n'est pas juste. Si B est entre D et C, D est avant B. —> VA AU N° 9.

7

– Oui, bien sûr, répondit madame Roussel, que veux-tu savoir, Romain ?

– C'est à propos de produits chimiques. Qu'est-ce que signifie une étiquette orange barrée d'une croix noire ?

– C'est un signe qui permet de reconnaître les produits dangereux. Pourquoi veux-tu savoir ça ?

– Qu'est-ce qui se passe si on les laisse dans la nature ?

– Ça peut être dangereux parce que si ces produits ne passent pas par un circuit de recyclage, ils peuvent contaminer des animaux et la nature. En plus, on risque de payer une grosse amende !

– Alors personne n'a intérêt à abandonner des produits nocifs n'importe où !

– Si, malheureusement, cela arrive très souvent, car cela coûte cher aussi aux industriels de se débarrasser des produits chimiques !

– Mais la pollution se repère tout de suite et on peut donc vite les arrêter, renchérit Julien.

– Non, justement, les polluants les plus dangereux ne sont pas forcément les plus visibles. Parfois, il faut

des années pour se rendre compte qu'il y a eu une pollution à un endroit. Et bien souvent, les coupables sont déjà loin et il est difficile de les retrouver. Par exemple, quand les déchets sont enfouis dans la terre, ils polluent la nappe phréatique qui alimente en eau courante une région. Mais le circuit de l'eau est très complexe et on se rend compte qu'elle est polluée quand il est déjà trop tard. Vous vouliez savoir autre chose ?

– Non, merci, répond Romain.

– Ah, au fait, n'oubliez pas que demain nous visitons l'usine Demornet !

Cette usine est-elle bien non polluante ?

Il existe des usines dont l'activité pollue les sols, l'air ou encore l'eau. En France, la loi sur l'eau impose aux communes de plus de 2 000 habitants d'être équipées d'un système permettant de collecter et de traiter les eaux usées. Mais même dans une maison, on peut polluer l'environnement en utilisant trop de produits dangereux (produits d'entretien, de jardinage ou de bricolage).

Quelle histoire ! L'étiquette obligatoire pour les produits irritants et nocifs a été reproduite sur ce quadrillage. Peux-tu trouver la surface de cette croix, sachant qu'un carreau mesure 1 cm^2 ? Choisis la bonne réponse.

....

10 cm^2 –> LIS LE N° 11

16 cm^2 –> LIS LE N° 4

MÉMO 12

8

Pour un petit déjeuner vraiment équilibré, il manque un fruit ou une compote. –> LIS LE N° 3.

9

– Romain a raison, décréta Chloé. Ce n'est pas normal de cacher des bidons. Je suis sûre qu'on tient une histoire qui embêterait pas mal de gens si cela venait à se savoir...

– Pourquoi ? demanda Julien.

– Parce que si des gens déploient autant d'efforts pour les dissimuler, c'est qu'ils doivent contenir des produits vraiment dangereux, ajouta Chloé.

– Mais alors, filons d'ici, on risque de tomber malade ! dit Julien, paniqué.

– Ça tombe bien, reprit Romain, on a cours de sciences ce matin. On va pouvoir demander à madame Roussel ce que signifie l'étiquette qu'on a vue sur les bidons !

– Bien joué, dit Julien, on en saura plus.

– Chloé !

– Oui ?

– Reprends ta doudoune.

– Mais tu vas avoir froid jusqu'à ce que Loïs apporte ton blouson.

– Pas grave…

– Ça va, j'ai compris !

Comme à son habitude, Loïs arriva en retard, mais il avait bien le blouson de Julien.

– Merci, lui dit celui-ci, mais tu aurais pu te dépêcher, ça fait une demi-heure que je gèle !

Madame Roussel arriva à ce moment-là.

– Madame ? Est-ce qu'on peut vous parler ? demanda Romain.

Vont-ils avouer à madame Roussel où ils ont passé la nuit ?

Ce matin-là, le soleil s'est levé à 7 h 31 mais il s'était couché la veille à 18 h 34.

Combien de temps la nuit a-t-elle duré ?

....

....

11 h 03 —> LIS LE N° 2

12 h 57 —> LIS LE N° 7

MÉMO 10

10

Ce résultat n'est pas faux mais on pouvait aussi l'écrire en le simplifiant : $\frac{16}{24} = \frac{2}{3}$. —> VA AU N° 15.

11

Le lendemain, les enfants attendaient le car qui devait les emmener jusqu'à l'usine Demornet quand madame Roussel arriva.

Chloé était furieuse de rater le cours de français, c'était son cours préféré.

– Tout ça pour aller visiter une usine, franchement, quel intérêt ? marmonnait-elle.

Romain et Julien, déjà installés au fond du car,

avaient réservé des places pour elle et Loïs.
– Au fait, demanda Chloé en s'adressant à madame Roussel, c'est une usine de quoi que l'on va visiter ? Je ne me souviens plus.
– C'est une usine d'assemblage de petites pièces pour les automobiles. On a de la chance de pouvoir la visiter, habituellement, ils refusent. Mais, comme le propriétaire de l'usine est le frère du maire, il a fait une exception pour notre école.
L'usine n'était qu'à quelques kilomètres et le car fit le trajet en dix minutes à peine. Madame Roussel leur donna les précautions d'usage : « Ne touchez à rien et restez toujours avec le groupe… »
Les enfants entrèrent dans l'usine. Un responsable les emmena vers un couloir entièrement vitré d'où l'on pouvait voir des ouvriers enduire d'un liquide transparent de minuscules pièces à l'aide d'un pinceau. Ils portaient tous des masques afin de se protéger des émanations du produit. Puis ils s'engagèrent dans un entrepôt immense. Madame Roussel se tourna vers Julien.
– Regarde, Julien, à propos de la question que tu m'as posée hier, tu te souviens, sur les étiquettes avec une croix noire sur fond orange ?

Mais Julien, tout occupé à plaisanter avec Romain, n'écoutait que d'une oreille distraite. Il entendit vaguement madame Roussel parler d'une croix, de noir et d'orange. C'est alors que Chloé, au même moment, le pinça si fort qu'il revint aussitôt à la réalité.

Qu'a vu Chloé dans l'entrepôt ?

Observe le plan de l'usine, peux-tu exprimer sous la forme d'une fraction la superficie de l'entrepôt ?

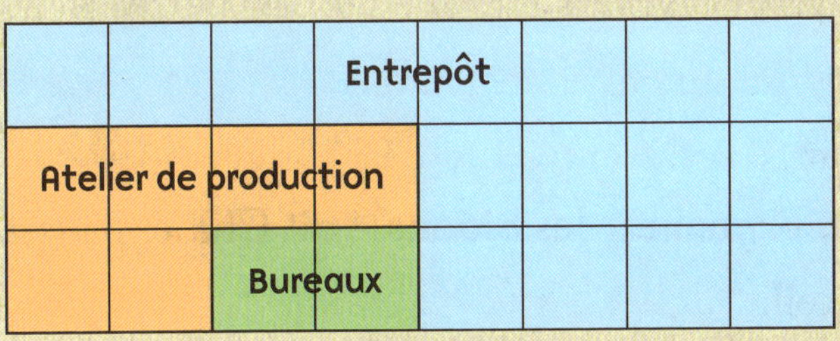

....

....

$\frac{2}{3}$ —> LIS LE N° 15

$\frac{16}{24}$ —> LIS LE N° 10

$\frac{24}{16}$ —> LIS LE N° 16

MÉMO 12

12

Ce n'est pas la bonne réponse : ce nombre est trop grand puisqu'il est supérieur à 3 000.

—> Retourne au n° 15.

13

Tu as pensé aux céréales (pain), à la boisson et au fruit mais tu as oublié le laitage ! —> Lis le n° 3.

14

Bravo ! Tu as trouvé en un temps record. Poursuis l'enquête avec les enfants au chapitre 5.

15

– Julien, Romain… les bidons ! dit Chloé, pâlissant à vue d'œil.

Une série de bidons bleus, identiques à ceux de la carrière, était sagement alignée dans la première travée de l'entrepôt…

Madame Roussel était ravie de pouvoir apporter un complément d'information à son explication de la veille.

– Alors, comme tu peux le voir, dit-elle à Romain, il s'agit de bidons de produits nocifs et irritants, signalés

par leur étiquetage. D'ailleurs, les étiquettes sont faites de telle façon qu'on ne puisse pas les enlever. Car une étiquette banale, ça peut toujours s'arracher. Comme ces produits exigent un recyclage particulier, la façon dont on les entrepose est spéciale aussi. Ils ne sont pas en contact avec les autres produits et les bidons dans lesquels ils sont entreposés sont uniquement réservés à cet usage. Il n'est pas question d'y mettre des céréales pour le petit déjeuner, ah ! ah ! ah !

Romain se rapprocha de Chloé.

– Est-ce que tu as vu Julien ? Je ne le vois pas.

– Non, dit-elle.

Les deux amis cherchèrent Julien du regard mais il était invisible.

Par quel mystère Julien a-t-il disparu ?

À propos de mystère, trouve le nombre mystère et inscris ton résultat dans les cases. Ce nombre comprend 4 chiffres. Il est inférieur à 3 000. Son nombre de centaines est un multiple de 10. Le chiffre des dizaines est le plus grand possible. Ce nombre est un multiple de 5 et la somme de ses chiffres est égale à 16.

3 085 —> LIS LE N° 12
1 095 —> LIS LE N° 20
2 095 —> LIS LE N° 18

MÉMO 1

16

Attention le numérateur représente la quantité de parts qui sont prises. Tu as inversé. Pense également à simplifier la fraction.

—> RETOURNE AU N° 11.

17

Attention, tu as oublié de soustraire les 3 professeurs à ton résultat.

—> RETOURNE AU N° 18.

18

Romain fit signe à Loïs d'approcher.

– Julien a disparu. Chloé et moi partons le chercher, reste ici pour donner l'alerte au cas où. Débrouille-toi comme tu peux pour justifier notre absence.

Loïs n'eut pas le temps de réagir. Déjà Chloé et Romain se faufilaient dans les travées de l'entrepôt, bien décidés à retrouver leur ami avant qu'il ne soit trop tard.

– Tu crois qu'on a été repérés ? demanda Chloé.

– C'est bien possible ; en tout cas, si on avait des doutes, on n'en a plus désormais, les bidons viennent bien de cette usine.

Romain poussa une porte particulièrement lourde. Chloé et lui se retrouvèrent dans un hangar totalement vide. Des palettes de cartons renfermant des pièces automobiles attendaient d'être chargées pour être livrées. Nulle trace de Julien. Romain inspecta soigneusement tous les recoins du hangar, s'attendant à retrouver son ami ligoté, mais il n'y avait personne. Au bout du hangar, une autre porte les attendait. Ils se retrouvèrent dehors, sur l'aire de départ des camions. Ils rasèrent les murs pour éviter de se faire repérer et arrivèrent devant l'entrée de l'usine. Ils aperçurent Julien, mais celui-ci était mani-

festement dans de sales draps ! Un homme le menaçait en le tenant par le col de son blouson. Dès qu'il vit les enfants, il lâcha Julien et s'éloigna.
Romain et Chloé se mirent à courir vers Julien pour lui demander des explications, mais au même moment madame Roussel déboucha dans le hall de l'usine avec tout le reste de la classe. Elle se dirigea vers les trois amis, visiblement très mécontente :
– Qu'est-ce que vous faites ici ? Vous ne deviez pas vous éloigner du groupe ! C'est toujours pareil avec vous, vous vous croyez plus malins que les autres et vous ne respectez jamais les consignes. Vous serez punis ! En attendant, filez dans le car !

Que voulait cet homme ?

Ce moment de tranquillité dans le car va permettre aux amis de Julien de l'interroger ! Le car a 56 places et il transportera les 26 élèves de la classe avec leurs 3 accompagnateurs jusqu'à l'école. Combien de places vides restera-t-il dans le car ?

....

30 → Lis le n°17
27 → Lis le n° 14
29 → Lis n°19

19

Tu as oublié une opération. Il faut soustraire la quantité de voyageurs au nombre de places dans le car.

—> Retourne au n° 18.

20

Ce n'est pas la bonne réponse. N'oublie pas que la somme des chiffres doit être égale à 16.

—> Retourne au n° 15.

5

Un danger bien réel

1

Aussitôt dans le bus, les trois amis se précipitèrent sur Julien.

– Qu'est-ce qui s'est passé, pourquoi cet homme te menaçait-il ? demanda Chloé.

– J'ai passé un sale quart d'heure, répondit Julien. J'étais en train d'écouter une conversation dans l'entrepôt quand le type que vous avez vu m'a surpris. Il m'a dit qu'il n'aimait pas les petits fouineurs de mon espèce. Puis il m'a posé des tas de questions. Je commençais à me demander ce que j'allais bien pouvoir répondre, et vous êtes arrivés juste à ce moment-là ! En tout cas, j'ai appris une chose capitale ! Je sais que l'auteur de toutes les menaces que l'on a reçues est dans l'usine...

– Mais qu'est-ce qui te fait dire ça ? demanda Romain, très intrigué.

– Deux personnes parlaient des bidons et l'une

d'elles disait qu'il y en restait encore vingt-cinq à « éliminer ». L'autre a répondu qu'il n'y avait pas que les bidons à éliminer, si tu vois ce que je veux dire...

– Mais c'est horrible ! s'indigna Chloé.

– Quoi qu'il en soit, reprit Julien, l'usine a un gros problème de traitement de ses déchets car cela lui coûte très cher.

– Tout s'explique, dit Romain. Le maire n'avait aucun intérêt à ce que nous allions jouer dans la carrière et encore moins à la transformer en skate parc ! Il voulait utiliser le terrain pour les activités dangereuses de son frère. Mais de là à nous menacer…

Le maire est-il complice de son frère ?

Il semblerait que l'usine ait encore 25 bidons à éliminer…
Chaque bidon peut contenir 100 litres de produits mais ils n'ont été remplis qu'aux $\frac{9}{10}$.
Combien de litres aurait-on pu mettre en plus dans ces 25 bidons s'ils avaient été pleins ? Entoure la bonne réponse.

250 litres. → LIS LE N° 8

125 litres. → LIS LE N° 7

MÉMO 5

2@

Il fallait choisir les propositions B et C. Pour sauver notre planète, il faut bien connaître ces gestes. Maintenant, pour savoir ce que va faire le maire,

—> va au n° 12.

3@

Attention, il ne s'agit pas de multiplier 12 par 2. 12 représente 20 % du nombre que tu dois trouver.

—> Retourne au n° 6.

4@

Tu as oublié qu'une adresse électronique ne comprend pas de lettres avec des accents.

—> Retourne au n° 8.

5@

Nous savons que tout cela est grave, poursuivit Romain, et c'est la raison pour laquelle nous vous avons fait venir, c'est une information plutôt dangereuse et on ne pouvait pas la garder pour nous...

Deux voitures arrivèrent en trombe. Le maire en descendit, suivi de son premier adjoint. Furieux, il s'adressa aux enfants :

– Cette fois, vous dépassez les bornes, je n'ai jamais donné mon accord pour un skate parc, ne croyez pas que vous parviendrez à vos fins en mettant tout le monde devant le fait accompli ! Il y a d'autres projets en cours pour l'occupation de ce terrain.
– Lesquels, monsieur le maire ? demanda un des journalistes.
– Sachez tout de même que la priorité pour la commune est de favoriser l'emploi et il se trouve qu'une entreprise est intéressée pour racheter le terrain afin d'y construire une usine.
– Quel genre d'usine ? demanda un autre journaliste.
– Est-ce que l'usine en question est celle de votre frère ? demanda aussitôt le premier journaliste.
– Oui, reprit le maire en toussotant, mais tout est réalisé dans la plus grande légalité. Rassurez-vous, mon frère n'aura pas droit à un traitement de faveur. Vous pourrez vérifier les autorisations en temps utile. C'est tout de même un projet qui devrait créer 60 emplois, ce n'est pas négligeable...
– Est-ce qu'il s'agit d'une usine qui utilise des produits dangereux ? demanda une jeune journaliste.
– Oui, c'est pour cela qu'il faut des autorisations spé-

ciales. Mais d'abord, comment êtes-vous informés ? répondit le maire, excédé.

– Demandez aux enfants, ils vont vous expliquer !

Le maire pourra-t-il éviter le scandale ?

Le maire est-il mêlé à cette affaire ? Et depuis quand ?... Et toi, te rappelles-tu à quel moment les enfants ont compris que ces bidons provenaient de l'usine Demornet ?

- Lors de la visite de l'usine.
- En voyant la camionnette avec les deux hommes.
- En discutant avec le maire.

Écris ta réponse :

....

C'est ton cinquième indice. N'oublie pas de le noter page 119, sur ta page-indices.

—> Maintenant, va au n°10.

6 @

– Franchement les enfants, c'est bien pour vous faire plaisir que j'accepte votre invitation car j'ai quand même trente copies à corriger ce soir !

– Je vous jure que vous ne serez pas déçue, madame Roussel, dit Chloé, un sourire en coin.

– Je n'en doute pas. C'est formidable de la part du maire, d'avoir avancé aussi vite sur votre projet ! s'étonna-t-elle.

– Oui, on a même fait venir des journalistes pour annoncer la nouvelle...

Tous les élèves de la classe accompagnaient madame Roussel à la carrière. Romain se détacha du groupe et fonça vers la galerie pour vérifier que les bidons étaient toujours là. De mieux en mieux, il y en avait

quatre de plus ! Il revint vers le petit groupe de personnes qui patientait et décida de prendre la parole.

– Bonjour. Nous vous avons demandé de venir pour que nous puissions vous montrer le terrain qui aurait pu servir à construire un skate parc si nous avions réussi à convaincre la municipalité.

Les journalistes se regardèrent, interloqués. Madame Roussel lança un œil noir à Romain. L'un des journalistes reprit pourtant :

– Mais, d'après le mail envoyé par la mairie, le projet de skate parc est prêt et sa réalisation va pouvoir démarrer !

– Rassurez-vous, vous ne vous êtes pas déplacés pour rien et d'ailleurs, le mail ne venait pas de la mairie, nous avons juste créé une adresse presque identique pour être certains de votre présence.

Silence absolu dans l'assemblée.

– Bon, il se trouve que l'on a découvert un problème assez grave concernant ce terrain…

– Quel genre de problème ? interrogea l'un des journalistes.

– Ce terrain sert de décharge illégale de produits chimiques. Nous avons découvert des bidons de produits dangereux entreposés au fond de cette galerie, continua Julien en désignant le fond de la carrière. Nous croyons savoir qu'ils proviennent de l'usine Demornet, qui appartient au frère du maire.

– Vous vous rendez compte de la gravité de vos accusations ? demanda le journaliste.

Le projet du frère du maire sera-t-il compromis ?

Le frère du maire veut ouvrir une nouvelle usine. Le service des ventes emploierait 12 personnes, ce qui représenterait 20 % des emplois créés. Combien d'emplois la nouvelle usine prévoit-elle de créer ? Coche la bonne réponse.

....

....

- ❑ 24 emplois —> LIS LE N° 3
- ❑ 30 emplois —> LIS LE N° 9
- ❑ 60 emplois —> LIS LE N° 5

7 @

Ce n'est pas juste car on ne peut pas additionner des bidons et des litres. —> RETOURNE AU N° 1.

8 @

Vous croyez vraiment que le maire est dans le coup ? demanda Loïs.

– Ça m'étonnerait, dit Chloé. Sinon, il aurait tout de suite dit non au projet de skate parc la première fois que nous l'avons rencontré.

– Pas bête, répondit Romain, mais avouez que toute cette histoire devient de plus en plus inquiétante : le rocher qui tombe, la lettre anonyme, les freins sectionnés et maintenant des menaces verbales…

– Une fois, dans un film, j'ai vu un héros qui se protégeait en révélant à la presse ce qu'il avait découvert, dit Julien.

– On devrait faire la même chose, reprit Loïs, car tant que nous sommes les seuls à connaître leurs agissements, nous sommes en danger !

– Mais comment faire ? dit Chloé.

– Il faut faire vite, renchérit Romain, car ils vont sans doute revenir cacher les bidons et ça sera encore plus difficile à prouver quand ils auront terminé. J'ai peut-être une idée : on va demander à quelques journalistes de venir pour leur faire croire au lancement du projet de skate parc. Une fois qu'ils seront là, on leur montrera les bidons et on sera sauvés !

– D'accord. Comment on s'y prend ? demanda Loïs.

– On va envoyer un mail aux journalistes, reprit Romain. Julien, prends le journal, regarde à la dernière page, il y a toutes les adresses. On peut aussi inviter madame Roussel, elle pourra apporter quelques précisions aux journalistes.

– Chloé, montre-moi le mail de ta mère, demanda Romain. On va se créer une adresse électronique presque identique à celle de la mairie en changeant juste un petit détail. Comme cela les journalistes croiront qu'il s'agit d'une conférence de presse donnée par le maire lui-même.

– Mais c'est malhonnête ! s'offusqua Chloé.

– Oui, mais on n'a pas le choix ! rétorqua Romain. D'ailleurs, ce serait bien d'envoyer également le mail au maire, juste avant de partir à la carrière.

– Bien joué, reprit Chloé : comme ça, on saura vite s'il est dans le coup car alors il ne prendra pas le risque de se montrer. Dans le cas contraire, il viendra sûrement aussi pour voir de quoi il s'agit…

L'e-mail va-t-il être efficace ?

Sais-tu ce qu'est un e-mail ? Il signifie « electronic-mail » : courrier électronique. Ce mot anglais désigne à la fois le mode de transmission électronique et le message. Pour envoyer ou transmettre des messages, il faut tout d'abord créer une adresse de messagerie qui se compose toujours des 5 mêmes éléments. Attention, les lettres ne comportent pas d'accent et il n'y a jamais d'espace entre les lettres. Pour comprendre, observe l'adresse de Chloé.

Le login (nom de l'utilisateur)

L'extension

chloe@fiatlux.fr

L'arobase

Le serveur

Le point

Merci Fred pour toutes ces informations !
Choisis parmi ces trois adresses la seule qui soit valide. Coche la bonne réponse.

- ❑ frédéric@fiatlux.fr –> LIS LE N° 4
- ❑ raphael@fiatlux.fr –> LIS LE N° 6
- ❑ margueritechevalier@fiatlux.fr –> LIS LE N° 11

9 @

100 % = 20 % x 5. Le nombre total d'emplois est donc 5 fois plus grand que 12. → **RETOURNE AU N° 6.**

10 @

Le maire paraissait perplexe, il ne comprenait vraiment plus rien à la situation.

Chloé prit la parole.

– Voilà, expliqua-t-elle, nous avons découvert que votre frère utilise ce site pour y enfouir illégalement des déchets chimiques qui nuisent à l'environnement. Les bidons entreposés là-bas, au fond de la galerie, proviennent de son usine.

– Mais, reprit le maire, vous avancez des faits extrêmement graves, mademoiselle ! Pourquoi mon frère ferait-il une chose pareille ?

– Parce que le traitement des déchets coûte très cher, reprit Chloé, et qu'il pensait sûrement pouvoir agir en toute tranquillité puisque ce terrain appartient à la commune depuis fort longtemps et qu'il n'y vient presque jamais personne, à part nous !

– Nous avons des preuves de ce que nous avançons, dit Romain à son tour. Nous avons vu les mêmes bidons dans l'usine de votre frère que ceux que nous

avons trouvés cachés dans la carrière. En plus, l'un de nous a surpris une conversation entre deux employés de l'usine. Nous savons donc que les menaces dont nous avons été victimes viennent de là...

– Des menaces ? s'inquiéta le maire.

– Oui, ajouta Julien : d'abord un rocher qui manque de nous écraser dans la carrière, puis des lettres anonymes et, pour finir, les freins de nos vélos sectionnés. Et si tout ça ne vous suffit pas, j'ai été menacé verbalement par l'un des employés de l'usine Demornet.

Quelle va être la réaction du maire à ces accusations ?

Heureusement, tout le monde n'est pas comme le frère du maire !

L'homme fait de gros efforts pour limiter les effets néfastes de son activité sur terre :

- Il lutte contre la pollution des rivières et des lacs par la création de stations d'épuration.
- Il reboise les terres et lutte contre les incendies.
- Il existe en France 7 parcs nationaux et 43 parcs naturels régionaux qui contribuent à conserver des paysages exceptionnels et protègent certaines espèces animales ou végétales en voie de disparition.

Ouf ! C'est encourageant ! Mais concrètement, que peut-on faire pour protéger l'environnement et limiter la pollution ?

Entoure deux propositions :

A - Utiliser l'eau sans limitation.
B - Utiliser les transports en commun ou le vélo plutôt que la voiture.
C - Trier les déchets que tu jettes chaque jour.
D - Jeter dans la nature des produits en plastique de temps en temps.

Si tu penses avoir trouvé —> LIS LE N° 2

MÉMO 21

11

Ce n'est pas la bonne réponse car dans une adresse électronique, il n'y a jamais d'espace entre les lettres. —> RETOURNE AU N° 8.

12

C'est incroyable, murmura le maire, totalement interdit...

Puis, se reprenant, il s'adressa alors aux journalistes :

– Écoutez, c'est une affaire compliquée. Si je comprends bien, mon frère voulait déverser ces produits chimiques dans la nature. Je pensais sincèrement que son projet d'usine était honnête mais croyez bien que mon frère n'est pas au-dessus des lois. En attendant que toute la lumière soit faite sur cette histoire, je vais contacter une entreprise de dépollution et de traitement des déchets afin d'éviter tout risque.

Et s'adressant aux enfants, il reprit :

– Jeunes gens, grâce à vous, nous avons stoppé à temps une affaire qui aurait pu nous coûter très cher ! Au nom de la commune, je vous remercie d'avoir révélé ces agissements malhonnêtes et je crois que nous allons reparler de ce skate parc très vite !

Chloé, Loïs, Julien et Romain échangèrent des regards ravis.

Loïs se tourna alors vers Chloé et lui murmura à l'oreille :

– Promets-nous que tu ne râleras plus quand on supprimera le cours de français pour aller visiter une usine !

Puis, s'adressant à tous, il ajouta : « Et n'oubliez pas que dans une semaine, on fête mon anniversaire ! »

FIN

L'aventure t'a plu ?

Nos trois héros ont été entraînés dans une aventure bien périlleuse ! À travers cette histoire de traitement des déchets des usines, ils ont appris que la protection de l'environnement est une affaire sérieuse et qui peut coûter cher. Cependant, les produits chimiques qui nous apparaissent souvent menaçants, font aussi partie de notre vie quotidienne. Médicaments, produits de beauté, produits d'entretien, peintures, insecticides... Leurs formules très sophistiquées sont mises au point par les industries de la chimie et on n'imaginerait plus se passer de leurs services. Pourtant, certains peuvent être dangereux pour l'environnement. La solution ? Les utiliser quand on en a vraiment besoin, sans les gaspiller à tort et à travers ni les jeter n'importe où dans la nature.

★★★★★

Bravo ! Et puisque tu es allé(e) jusqu'au bout de cette aventure et de ses exercices, nous te proposons de nous envoyer, sur le site www.nathan.fr/cestpassorcier, la liste des indices que tu as écrits page 119, et tu pourras télécharger plein de surprises !

À bientôt pour une nouvelle aventure !

Un mémo pour t'aider à faire tes exercices

NUMÉRATION

MÉMO 1

Comment distinguer un nombre et un chiffre ?

- Les nombres sont des quantités. Pour les écrire, on utilise des chiffres (0, 1, 2, 3, 4, 5, 6, 7, 8 et 9).
- Pour trouver la valeur des chiffres d'un nombre, il faut connaître le tableau de numération.

Classe des milliards			Classe des millions			Classe des milliers			Classe des unités		
							8	4	5	2	0

Ex. : Dans 84 520, le chiffre des centaines est 5 et le nombre de centaines est 845 car il y a 845 × 100 dans 84 520.

MÉMO 2

Comment bien orthographier les nombres ?

Les nombres peuvent s'écrire en lettres grâce aux déterminants numéraux.

- Ils sont invariables sauf que :

– vingt et cent prennent un s quand ils sont multipliés et non suivis d'un autre nombre.
Ex. : *Quatre-vingts* = *4* × *20* et *trois cents* = *3* × *100* ; *Quatre-vingt-treize* = *93* ; *trois cent quatre* = *304*.
– Million et milliard s'accordent au pluriel.
Ex. : Trois milliards neuf cent millions.

- Le tiret est utilisé pour les nombres inférieurs à 100. Ex. : trente-deux. On ne met pas de tiret lorsqu'il y a « et ». Ex. : vingt et un.
- Mille est invariable. Ex. : *Trois mille* = *3 000*.

MÉMO 3

Comment trouver la valeur approchée d'un nombre ?

Pour trouver une valeur approchée, on utilise un encadrement et on choisit le nombre le plus proche de celui qui est encadré.

Ex. : 456 700 < 456 786 < 456 800

Ici la valeur approchée à la centaine près de 456 786 est 456 800.

MÉMO 4

Comment reconnaître un multiple de 2, 3, 5 et 10 ?

Le résultat de la multiplication de deux nombres est le multiple de ces deux nombres.

Ex. : 7 × 2 = 14, 14 est le multiple de 2 et de 7.

2 × 4 = 8 2 × 6 = 12	Tous les multiples de 2 sont des nombres pairs.
6 × 5 = 30 9 × 5 = 45	Tous les multiples de 5 ont leur chiffre des unités égal à 0 ou 5.
3 × 7 = 21, 2 + 1 = 3 423 est un multiple de 3 car 4 + 2 + 3 = 9	Tous les multiples de 3 ont la somme de leurs chiffres qui elle-même est un multiple de 3.
2 × 10 = 20 3 × 10 = 30	Tous les multiples de 10 ont leur chiffre des unités égal à 0.

MÉMO 5

Comment représenter une fraction ?

- $\frac{1}{3}$ est une fraction.

1 est le **numérateur**, c'est le nombre de parts que l'on prend.
3 est le **dénominateur**, c'est le nombre de parts que contient l'unité.

- $\frac{1}{3}$ peut être représenté par un dessin :

ou peut être placé sur une droite numérique.

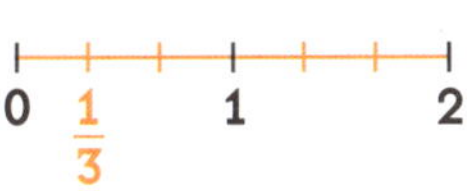

Info sciences

Qu'est-ce qu'une nappe souterraine ?

Après la pluie, une partie de l'eau s'infiltre dans le sous-sol, elle s'arrête lorsqu'elle rencontre une roche imperméable, comme l'argile. Elle forme alors une nappe d'eau souterraine.

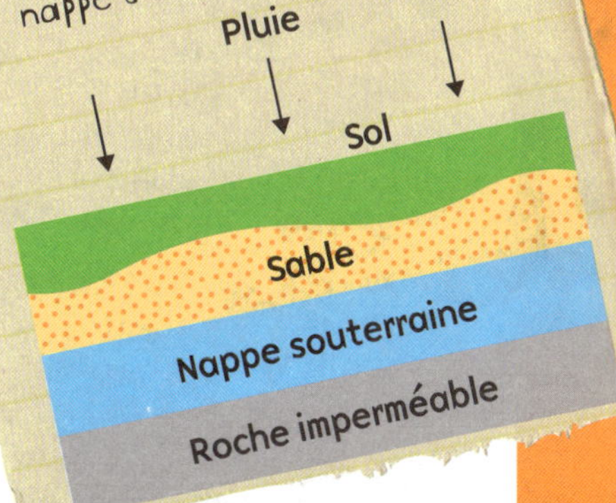

OPÉRATIONS/CALCUL

MÉMO 6 Comment reconnaître une situation de proportionnalité ?

On parle de proportionnalité quand une quantité est calculée en fonction d'une autre, en multipliant ou en divisant toujours par le même nombre.

Nombre de roues	1	2	4	6	8
Prix	7	14	28	42	56

× 7 (de la ligne « Nombre de roues » vers la ligne « Prix ») ; : 7 (de la ligne « Prix » vers la ligne « Nombre de roues »)

MÉMO 7 Quand utiliser la multiplication ?

On peut l'utiliser pour ne pas répéter une addition et pour calculer plus rapidement.

Ex. : Pour connaître le nombre de pattes de 10 insectes, il faut calculer 3 paires × 10 c'est-à-dire : (3 × 2) × 10 = 60 pattes.

MÉMO 8 Comment calculer les pourcentages en utilisant les fractions ?

Un pourcentage est une fraction sur 100, elle peut avoir une fraction équivalente plus simple.

100 %

25 %	25 %	25 %	25 %

50 %

- 100 % c'est $\frac{100}{100}$, c'est toute la quantité, on peut l'écrire $\frac{5}{5}$ ou $\frac{10}{10}$, etc.

Info sciences

Comment participer au sauvetage de notre planète ?

- Pour éviter le gaspillage de l'eau :
  - ferme bien ton robinet après utilisation,
  - prends plutôt une douche qu'un bain,
  - ferme le robinet pendant que tu te brosses les dents.
- Pour limiter la pollution :
  - trie tes déchets,
  - achète des produits non polluants,
  - ramasse les déchets que tu trouves dans la nature.

- 75 % c'est $\frac{75}{100}$, c'est $\frac{3}{4}$ de la totalité.
- 50 % c'est $\frac{50}{100}$, soit $\frac{1}{2}$.
- 25 % c'est un quart soit $\frac{1}{4}$.

MÉMO 9

Comment calculer une moyenne ?

- Calculer la moyenne, c'est trouver le nombre dont la valeur est au milieu de plusieurs autres.

Ex. : la moyenne de 14 et 16 est 15.

- On doit faire la somme des nombres dont on veut calculer la moyenne et la diviser par le nombre de termes que l'on a additionnés.

Ex. : Pour calculer la moyenne des températures de l'année, on additionne les températures des 12 mois puis on divise par 12.

MESURES

MÉMO 10

Comment additionner ou soustraire des mesures de durée ?

- On additionne ou soustrait les secondes entre elles puis les minutes entre elles...
- Si la soustraction est impossible, tu dois ôter une minute pour l'ajouter aux secondes, sans oublier de la convertir en secondes !

Ex. : 27 min 12 s – 5 min 35 s

27 min	12 s
– 5 min	35 s
= 22 min	impossible

Soustraction impossible

27 min 12 s = 26 min 60 s + 12 s = 26 min 72 s

26 min	72 s
– 5 min	35 s
= 21 min	37 s

MÉMO 11

Comment calculer une vitesse ?

- La vitesse, c'est la distance parcourue pendant l'unité de temps. Pour la trouver, on divise la distance parcourue par la durée du parcours.
- Si on parcourt 3 km en 10 minutes, on divise 3 par 10.

$\frac{3}{10} = 0,3$ ce qui donne une vitesse de 0,3 km/min.

On calcule généralement la vitesse en km par heure. Pour connaître la vitesse en km/h, il faut multiplier 0,3 et 1 min par 60.

0,3 km/min = 18 km/h

× 60

On passe alors des km/min aux km/heure.

MÉMO 12

Comment calculer une aire ?

- L'aire est la superficie d'une figure géométrique. L'unité principale des mesures d'aire est le m^2.

On calcule l'aire d'un carré ou d'un rectangle en multipliant les longueurs des côtés.

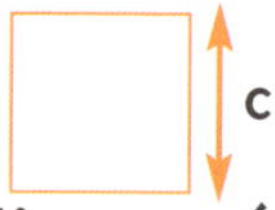

aire d'un carré = c × c

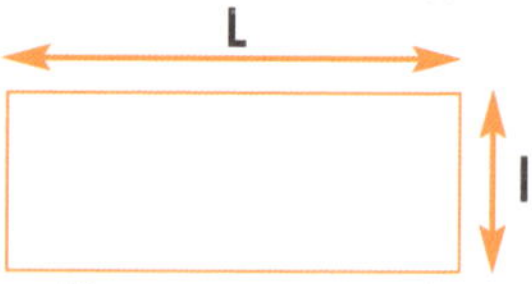

aire d'un rectangle = l × L

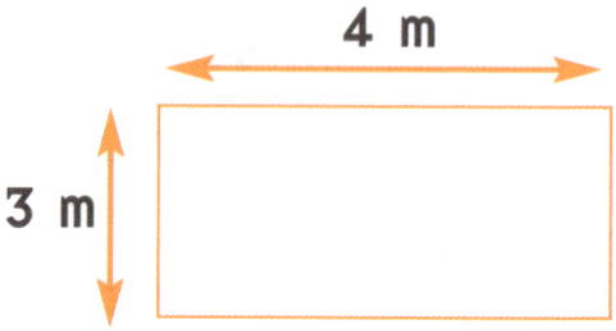

Aire = 3 × 4 = 12 m^2
Cette pièce fait 12 m^2

- Tu peux avoir besoin d'estimer une aire en utilisant les fractions.

Qu'est-ce qu'un fossile ?

C'est la trace d'un animal ou d'un végétal conservée dans une roche. Les scientifiques peuvent ainsi reconstituer la silhouette de certains êtres vivants et connaître leur mode de vie, ils peuvent savoir aussi à quel moment certains animaux sont apparus et ont disparu.

Si 4 dalles mesurent 1 m², utilise les fractions pour calculer une superficie inférieure à 1 m².

$\frac{1}{4}$ m²

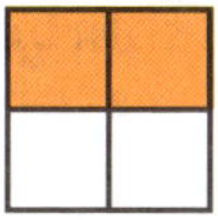

$\frac{1}{2}$ m²

$\frac{3}{4}$ m²

Comment convertir des mesures de longueur ?

Il faut utiliser le tableau de conversion.
Place le chiffre des unités dans la colonne de l'unité indiquée puis place les autres chiffres, un par colonne.

km kilo-mètre	hm hecto-mètre	dam déca-mètre	m mètre	dm déci-mètre	cm centi-mètre	mm milli-mètre
1	2	5	0			

Ex. : Pour convertir 125 dam en m, on ajoute un zéro, 125 dam = 1 250 m.

Quelle est la différence entre m, m² et m³ ?

S'écrit...	Se lit...	Unité de mesure	Est utilisée pour mesurer
m	mètre	longueur	Un segment, une distance, une hauteur...
m²	mètre carré	surface	La superficie d'un terrain, d'une pièce, l'aire d'une figure géométrique...
m³	mètre cube	volume	La contenance d'un récipient, un volume d'eau...

GÉOMÉTRIE

Comment décrire un cercle ?

MÉMO 15

Un cercle est une ligne courbe et fermée dont tous les points sont à égale distance du centre.
Pour le décrire, il faut savoir identifier : son centre (O), son rayon (OA), son diamètre (AB) et parfois des arcs de cercle, $\overset{\frown}{AC}$.

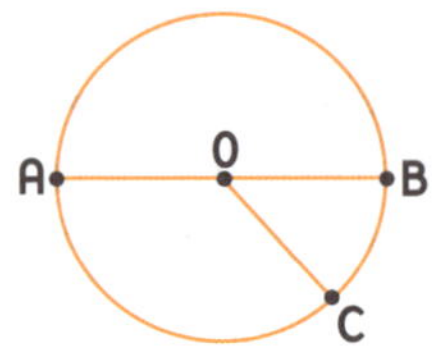

Comment calculer le périmètre d'un polygone ?

MÉMO 16

Le polygone est une figure fermée constituée de lignes brisées.
Pour en calculer le périmètre, on additionne la longueur de chacun de ses côtés.

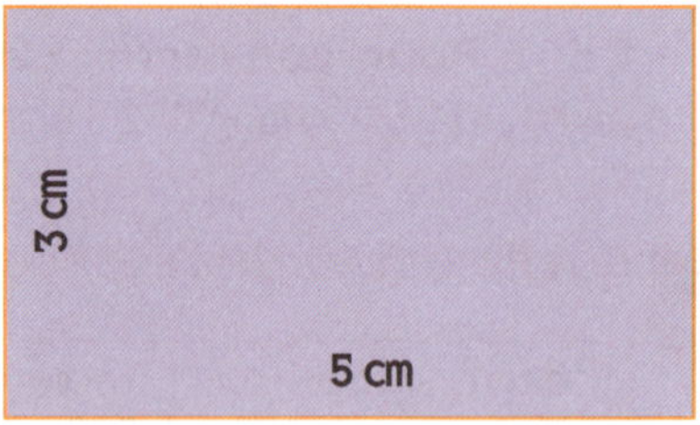

(3 × 2) + (5 × 2) = 6 + 10 = 16 cm.
Le périmètre du rectangle est égal à 16 cm.

Chaque côté mesure 1 cm.
Ce polygone comprend 12 côtés.
Le périmètre est égal à 12 cm = 12 × 1 cm.

Docu +

Sais-tu en combien de temps peuvent se décomposer certains déchets ?

Tu dois vraiment faire attention de ne rien jeter dans la nature, car si les déchets ne sont pas biodégradables comme les épluchures de légumes, bois, papier, ils risquent de polluer.

Une feuille de papier	3 mois
Des allumettes	6 mois
Un chewing-gum	5 ans
Une canette de soda	Entre 10 et 100 ans
Une bouteille en plastique	Entre 100 et 1000 ans

MO 17

Comment distinguer le carré des autres parallélogrammes ?

Tous les parallélogrammes sont des quadrilatères dont les côtés opposés sont parallèles.

Le carré est le seul dont les 4 côtés sont égaux et les 4 angles sont droits.

	Nom de la figure	Côtés égaux	angles égaux
	parallé-logramme quelconque	les côtés opposés	les angles opposés
	rectangle	les côtés opposés	les 4 angles droits
	carré	les 4 côtés	les 4 angles droits
	losange	les 4 côtés	les angles opposés

Dico + !

Que sais-tu de l'écosystème ?

L'écosystème est un milieu naturel comme la mer, la montagne ou la forêt dans lequel les espèces animales et végétales dépendent les unes des autres.
Quand un élément de ce milieu disparaît ou est modifié, l'équilibre de ce milieu est menacé.
Pour préserver la planète, l'homme doit protéger l'écosystème sur Terre. C'est pourquoi la sauvegarde de certains animaux ou de plantes en voie de disparition est indispensable.

MÉMO 18

Que cache la Terre ?

Si on coupait la Terre, on pourrait découvrir un noyau entouré du manteau (roches en fusion).
Le noyau est divisé en deux parties principales, l'asthénosphère et la lithosphère. Il est recouvert d'une écorce : la croûte terrestre.

MÉMO 19

Que sais-tu des différents états de l'eau ?

L'eau est un corps qui recouvre 71 % de la Terre.

Elle existe sous 3 états : solide, liquide et gazeux. Selon la température, elle change d'état.

En se réchauffant →

Fusion (solide → liquide) — Évaporation (liquide → gaz)

SOLIDE	LIQUIDE	GAZ
Glace, neige, grêle, verglas	Eau, brouillard, buée	vapeur d'eau (invisible)

Solidification (liquide → solide) — Condensation (gaz → liquide)

← En se refroidissant

MÉMO 20

Que connais-tu des groupes d'aliments ?

Pour mieux les identifier, chaque groupe est associé à une couleur.
Il faut consommer des aliments appartenant à chacun des groupes pour être en bonne santé.
Il est également indispensable de boire beaucoup d'eau.

Les 7 groupes d'aliments	Leur rôle
Produits laitiers (Fromages, lait, yaourts…	Riches en calcium et en phosphore, ils renforcent les os et les dents.
Viandes, poissons, œufs (Poulet, porc, bœuf, mouton, charcuterie…, Thon, cabillaud, sole, crustacés…	Riches en fer, ils sont importants pour la fabrication du sang et participent à la croissance musculaire.
Matières grasses (Huile, beurre…)	Il ne faut pas en abuser mais elles sont nécessaires au bon fonctionnement du système nerveux et des cellules.
Féculents, céréales, légumes secs (Pain, pommes de terre, lentilles, pâtes, riz…)	Riches en sucres lents, ils couvrent les besoins énergétiques du corps.
Légumes, fruits (Carotte, poireau, salade, pomme, orange…)	Ils préviennent le vieillissement cellulaire.
Boissons (Eau, jus de fruits, tisanes…)	Indispensables au bon fonctionnement des cellules. Il vaut mieux privilégier l'eau.
Produits sucrés (Bonbons, sucreries, miel, chocolat…)	Riches en sucres rapides, ils donnent au corps une énergie rapidement disponible.

MÉMO 21

Comment trier tes déchets ?

Quand tout est mélangé, on ne peut rien récupérer.

- Carton, papier, verre, plastique ou métal peuvent être recyclés, il faut les jeter dans des poubelles spécifiques.
- Les médicaments doivent être rapportés chez le pharmacien, les piles dans un supermarché, les produits dangereux, les appareils ménagers et informatiques, à la déchetterie.
- Pour les autres déchets ordinaires comme les restes du repas, place-les dans un sac poubelle. Ils seront brûlés ou déposés dans une décharge.

Mémo 22 — Comment se transmet le mouvement ?

Pour trouver le sens de rotation des éléments d'un dispositif, observe d'abord comment tourne la roue motrice R.

Transmission du mouvement :

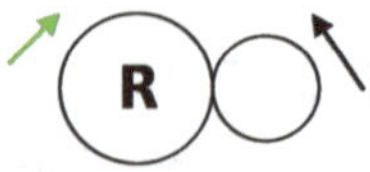

Par friction :
Les 2 roues tournent ensemble en sens inverse.

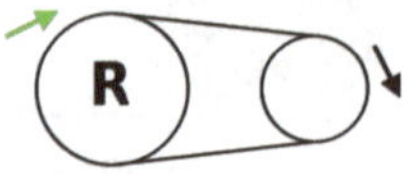

Par une courroie :
Les 2 roues tournent dans le même sens.

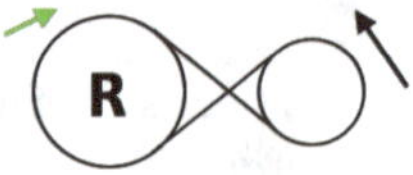

Les 2 roues tournent en sens inverse.

Par des roues dentées

Avec une chaîne :
Les 2 roues tournent dans le même sens.

Sans chaîne :
Les 2 roues tournent en sens inverse.

Mémo 23 — Quand appeler les numéros d'urgence ?

Ces numéros peuvent sauver une vie, il faut donc les utiliser au bon moment.
L'appel est gratuit, on peut le composer à partir d'une cabine téléphonique sans aucune carte.

- **Urgences médicales → SAMU → 15**
- **Agression, vol → Police → 17**
- **Incendie, risques naturels → Pompiers → 18**
- **Ingestion de produits dangereux → Centre anti-poison → 4545**

Page-indices

LA CARRIÈRE INTERDITE

CM2

Note ci-dessous les indices que tu as trouvés au cours de ta lecture.

Va vite te connecter sur le site

www.nathan.fr/cestpassorcier

pour nous envoyer tes indices, et tu pourras télécharger plein de

Cadeaux !

Indice 1 : ....

Indice 2 : ....

Indice 3 : ....

Indice 4 : ....

Indice 5 : ....

Bravo ! Tu as trouvé tous les indices !
Maintenant donne l'identité du coupable.

....

L'énigme « C'est pas sorcier »

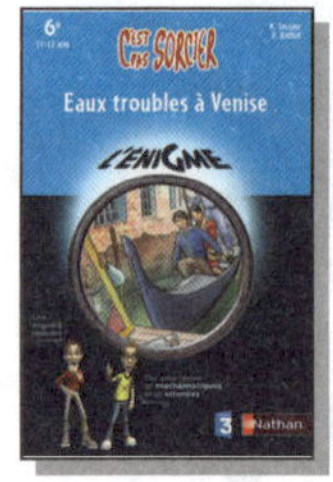

CE2
- Pas si désert que ça
- Menace sur Madagascar

CM1
- Montagne explosive !

CM2
- La carrière interdite
- Feu mystérieux en Australie

6e
- Eaux troubles à Venise

Retrouve-nous sur le site : www.nathan.fr/cestpassorcier

L'énigme des vacances

du CE1 au CE2
- La peur au bout de la laisse
- Mystère au cirque Alzared
- Attention ! Dauphins en danger

du CE2 au CM1
- Le labyrinthe des dragons
- Les fantômes de Glamorgan
- La plage du Prince Blanc
- Le phare de la peur

du CM1 au CM2
- Parfum de vacances
- Le voleur de papyrus
- L'œil de feu
- Le sortilège de la pleine lune

du CM2 à la 6e
- Le sacrilège de la main rouge
- Une affaire de poisons
- Le trésor des Templiers
- Panique à la Pop Academy
- La forêt de l'épouvante

de la 6e à la 5e
- La cinquième fourchette
- Pas de dédicace pour Lily Plume
- Le secret du Titanic
- Drôle de trafic

de la 5e à la 4e
- Règlement de contes pour Lily Plume
- Operation Blue Lagoon (en anglais)

Nouveau ! Un titre du CP au CE1 • Le voleur invisible

• Fantastique • Policier • Aventure • Historique • Frisson

Retrouve-nous sur le site : www.lenigme.com

N° d'éditeur : 10142683-JPM-Mai 2007. Imprimé en France par IME.